MUGLA

REISEFÜHRER 2026

Entdecken Sie türkisfarbene Küsten, antike Ruinen und die entspannte Atmosphäre der Südwesttürkei

Christopher H. Edmonds

Torbali
Bayindir
Alaşehir
Ödemiş
Kuşadasi Körfezi
Tire
Kuşadasi
Aydin
Nazilli
Buldan
Söke
Pamukkale
Büyük Menderes
Sarayköy
Çine
Denizli
Tavas
Milâs
Güllük Körfezi
Acipayam
Muğla
Bodrum
Kos
Gökova Körfezi
Marmaris
Datça
Ortaca
Bozburun
Dalaman
Simi
Fethiye
Tilos
Fethiye Körfezi
Ródhos
Ródhos
Kas
Megísti
GREECE
Kárpathos

Dieses Buch dient ausschließlich Informationszwecken. Autor und Verlag haben sich nach Kräften bemüht, die Richtigkeit der Informationen zum Zeitpunkt der Veröffentlichung sicherzustellen, übernehmen jedoch keine Gewähr für Vollständigkeit oder Richtigkeit.

Haftungsausschluss: Die Informationen in diesem Buch basieren auf Recherchen, lokalen Erkenntnissen und Quellen, die zum Zeitpunkt der Erstellung als zuverlässig galten. Reisedetails wie Fahrpläne, Einreisebestimmungen, Gesetze und Preise können sich jedoch ohne vorherige Ankündigung ändern. Autor und Verlag übernehmen keine Verantwortung für Verluste, Verletzungen, Unannehmlichkeiten oder Schäden, die Personen durch die Nutzung der Inhalte dieses Reiseführers entstehen.

Reisen birgt gewisse Risiken. Leser werden gebeten, sich vor Reiseantritt über die aktuellen Bedingungen zu informieren, lokale Vorschriften zu beachten und offizielle Reisehinweise zu konsultieren. Die Erwähnung bestimmter Unternehmen, Unterkünfte oder Dienstleistungen dient ausschließlich Informationszwecken und stellt keine Empfehlung oder Garantie dar.

INHALTSVERZEICHNIS

KAPITEL EINS **8**
Muğla entdecken – Ein Überblick 8
Willkommen in Muğla 8
Warum Muğla im Jahr 2026 besuchen? 12
Ein Blick auf den Charme von Muğla 13
Geographie und Klima von Mugla 14
Eine kurze Geschichte von Muğla 15
Muğla heute: Modernes Leben und lokaler Lebensstil 17
KAPITEL ZWEI **20**
Top-Attraktionen und versteckte Juwelen 20
Naturwunder von Mugla 20
Saklikent-Schlucht 20
Babadag-Berg 24
Dalyan-Fluss und Kaunos-Felsengräber 25
Köyceğiz-See 27
Yuvarlakçay-Fluss 29
Akbük-Bucht 30
Gruppen Wasserfall 31
Akyaka Azmak-Fluss 32
Versteckte Juwelen und abgelegene Ziele 33
Geisterdorf Kayaköy 33
Ruinen der antiken Stadt Tlos 34
Gökova-Bucht 35
Herr Paradies 37
Kargi Bay 38
Kabak-Tal 39
Yediler-Kloster auf dem Berg Latmos 40

Sultaniye-Thermalquellen 41
Historische und kulturelle Sehenswürdigkeiten 42
Burg Bodrum (Burg St. Peter) 42
Bodrum Museum für Unterwasserarchäologie 43
Burg Marmaris und Archäologisches Museum 45
Antike Stadt Knidos 46
Antikes Theater Telmessos (Fethiye) 47
Altstadt von Muğla (Arasta-Basar und Uhrturm) 48
Fethiye-Museum 49
Familienfreundliche Orte in Mugla 50
Aqua Dream Water Park (Marmaris) 50
Atlantis Wasserpark (Marmaris) 51
Dalyan-Schlammbäder 52
Blaue Lagune von Ölüdeniz 52
Dalyan-Bootstouren zum Turtle Beach (Iztuzu Beach) 53
Spielzeugmuseum Fethiye 54
Strände und Outdoor-Aktivitäten 55
Strand von Ölüdeniz und Blaue Lagune 55
Strand von Icmeler (Marmaris) 56
Kleopatra-Insel (Sedir-Insel) 57
Strand von Patara 58
Ören Beach 58
Hisarönü-Bucht 59
Kumlubük Strand 60
Göcek-Inseln zu Segeln 61
Gleitschirmfliegen vom Berg Babadağ 62
Tauchen in Fethiye und Bodrum 62
Nachtleben und Unterhaltung 64
Bodrum Bar Street 64

Marmaris Bar Street 65
Nachtleben in Fethiye Passepartout 66
Strandclubs in Göcek und Gümbet 66
Bodrum Marina Yacht Club 67
Open-Air-Konzerte und Sommerfestivals 68
KAPITEL DREI 70
Kulinarische Reise durch Muğla 70
Traditionelle Muğla-Küche 70
Gerichte, die man in Muğla unbedingt probieren muss 71
Streetfood und lokale Köstlichkeiten 73
Das Street Food-Erlebnis 76
Die besten lokalen Restaurants und Cafés in Muğla 76
Weinkultur und Weinberge in Muğla 80
Food-Festivals und lokale Märkte in Muğla 83
KAPITEL VIER 88
Praktische Reiseinformationen 88
Unterkunftsmöglichkeiten in Muğla 88
Empfohlene Hotels in Muğla 91
Transport in Muğla 95
Fluggesellschaften, die Muğla bedienen 99
Mietwagen und Fahrtipps in Muğla 102
Banken, Geldautomaten und Geldangelegenheiten in Muğla 106
Reise Gesetze und -bestimmungen für Touristen in Muğla 110
KAPITEL FÜNF 116
Eintauchen in das lokale Leben 116
Bräuche und Traditionen von Muğla 116
Feste und Feiern in Muğla 120

Kunst, Musik und Kunsthandwerk in Muğla 125
Lokale Märkte und Einkaufstipps in Muğla 129
Etikette und kulturelle Gebote und Verbote in Muğla 133
KAPITEL SECHS **139**
Planen Sie Ihr Abenteuer in Muğla 139
3-Tages-Reiseplan: Höhepunkte von Muğla 139
7-Tage-Reiseplan: Eine Woche in Muğla 140
14-tägige Reiseroute: Das komplette Muğla-Erlebnis 142
Abenteuer Aktivitäten für Nervenkitzel-Suchende in Muğla 146
Entspannungs- und Wellness-Retreats in Muğla 150
Tipps für nachhaltiges und verantwortungsvolles Reisen in Muğla 154
Checkliste für Reisende 157
Warum Muğla Ihr nächstes Reiseziel sein sollte 161

KAPITEL EINS

Muğla entdecken – Ein Überblick

Willkommen in Muğla

Als ich das erste Mal Muğla betrat, fühlte ich mich, als wäre ich in ein Gemälde eingetreten, in dem die Pinselstriche von Natur und Geschichte zu etwas Außergewöhnlichem verschmelzen. Die Luft trug den Duft der Ägäis in sich, salzig und doch frisch, vermischt mit dem fernen Duft der Pinien, die die Hügel bedecken. Die Sonne schien golden, aber nicht grell und wärmte die gepflasterten Straßen, durch die die Einheimischen mit einer Leichtigkeit schlenderten, die mich sofort daran erinnerte, dass die Zeit hier anders vergeht.

Muğla ist nicht nur ein Ort, sondern ein lebendiges Geflecht aus unzähligen Fäden aus Geschichte, Kultur und Naturschönheit. Im Gegensatz zu anderen Regionen der Türkei, die nur eine einzige Geschichte erzählen, bietet Muğla mehrere auf einmal. Die

Ruinen von Knidos und Stratonikeia flüstern die Geschichten antiker Zivilisationen, während die modernen Strände Städte Bodrum, Marmaris und Fethiye von Musik, Lachen und der Energie lauer Sommernächte pulsieren. Es ist ein Reiseziel, an dem Sie morgens mit Fischern in einem ruhigen Hafen Tee trinken, nachmittags durch Geisterdörfer schlendern und abends vom Deck einer Yacht aus zusehen können, wie die Sonne am Horizont versinkt.

Was mich am meisten beeindruckt hat, war Muğlas Vielfalt. Die Landschaften verändern sich, als würde man die Seiten eines Buches umblättern. In einem Moment wandert man durch dramatische Schluchten wie Saklıkent und spürt das kalte Bergwasser um die Füße rauschen; im nächsten gleitet man den Dalyan-Fluss entlang und beobachtet Meeresschildkröten, die in der Nähe des Iztuzu-Strandes an die Oberfläche kommen. Und dann, nur eine kurze Autofahrt entfernt, steht man auf einem Hügel und betrachtet ein Amphitheater, das von Menschen geformt wurde, die vor Tausenden von Jahren lebten. Nur wenige Reiseziele auf der Welt bieten einen solchen Kontrast: raue Natur, bewahrte Geschichte und modernes Leben nebeneinander.

Doch neben den Sehenswürdigkeiten ist es die Seele Muğlas, die es so unvergesslich macht. Die Menschen hier strahlen eine Wärme aus, die zum Klima passt. In den Dörfern werden Sie eingeladen, Gözleme (traditionelles Fladenbrot gefüllt mit Käse oder Spinat) mit Familien zu teilen, die Fremde wie Freunde behandeln. Auf den Märkten bestehen die Händler darauf, dass Sie Oliven und Feigen probieren, und ihr Stolz spiegelt sich in jedem Angebot wider. Und in der Altstadt von Muğla selbst, wo weiß getünchte Häuser mit roten Ziegeldächern die Hänge hinauf wachsen, haben Sie das Gefühl, die Zeit sei so langsam vergangen, dass Sie zu Atem kommen und wirklich im Moment leben können.

Es gab Momente, in denen mich Muğla mit seiner Schönheit überwältigte. Ich stand auf den Klippen von Ölüdeniz, und die türkisfarbene Lagune unter mir leuchtete heller, als es jedes Foto einfangen könnte. Oder ich trieb auf dem Azmak-Fluss in Akyaka entlang, wo das Wasser so klar ist, dass man Fische unter den Booten schwimmen sehen kann, als würden sie in der Luft schweben. Dann gab es ruhigere, fast spirituelle Momente, als ich durch Kayaköy spazierte, das verlassene griechische Dorf, wo die Stille mehr sagt als Worte und jede Steinmauer von Erinnerungen an einst dort gelebte Leben zu halten scheint.

Jeder Winkel von Muğla erzählt eine andere Geschichte, doch zusammen ergeben sie ein nahtloses Erlebnis. Abenteuerlustige finden beim Paragliding, Tauchen oder der Erkundung versteckter Buchten jede Menge Nervenkitzel, während Entspannungssuchende dem Charme von Sandstränden, natürlichen heißen Quellen und Wellness-Oasen inmitten von Olivenhainen erliegen können. Familien finden Vergnügungsparks, Bootstouren und sichere Badestellen, während Kulturliebhaber stundenlang durch Basare, Museen und jahrhundertealte alte Moscheen schlendern können.

Muğla ist kein Reiseziel, das man einfach nur besucht. Es ist ein Ort, der einen in seinen Bann zieht. Hier trifft die Antike auf Moderne, Berge schützen das Meer und jeder Tag fühlt sich an wie ein neues Abenteuer. Mein Aufenthalt hier war mehr als nur eine Reise; ich entdeckte, wie vielschichtig, reich und unendlich faszinierend eine einzelne Region sein kann.

Und genau das bietet Ihnen dieser Reiseführer: nicht nur Wegbeschreibungen zu Sehenswürdigkeiten oder Hotellisten, sondern auch das Herz und die Essenz von Muğla – allem, was Sie brauchen, um ganz in die Landschaften, Aromen, Geschichte und Menschen einzutauchen. Ob Sie für Abenteuer, Entspannung, Kultur oder einfach nur zum Genießen der Schönheit hier sind – Muğla wird Ihnen Erinnerungen bescheren, die nicht verblassen, sondern mit jeder Erinnerung reicher werden.

Warum Muğla im Jahr 2026 besuchen?

Muğla war schon immer ein Juwel an der Südwestküste der Türkei, doch 2026 bietet es einen noch überzeugenden Grund, diese außergewöhnliche Region zu erkunden. Da sich weltweit immer mehr Reisen in Richtung Erlebnisse entwickeln, die Authentizität und Abenteuer verbinden, sticht Muğla als Reiseziel hervor, das Reisenden beides bietet. Stellen Sie sich vor, Sie wachen in Bodrum mit dem Anblick der in der Bucht verstreuten Yachten auf, verbringen den Tag mit der Erkundung der antiken Ruinen in Stratonikeia und lassen den Abend bei Live-Musik in Marmaris ausklingen. In Muğla sind die Tage nie eintönig, es sind Geschichten, die sich nacheinander entfalten.

Bis 2026 hat die Region ihr Erbe sorgfältig bewahrt und nachhaltige Tourismus-Initiativen umgesetzt, um sicherzustellen, dass Naturschätze wie die Ölüdeniz-Lagune, der Iztuzu-Strand und das Schmetterlingstal unberührt bleiben. Dies macht es zum perfekten Zeitpunkt für einen Besuch: Die Infrastruktur ist reisefreundlicher geworden, ohne jedoch die unberührte Schönheit zu opfern, die Muğla so einzigartig macht. Ob Sie sonnenverwöhnte Strände, adrenalingeladene Abenteuer oder eine tiefere Verbindung zu Kultur und Geschichte suchen – Muğla bietet eine Reise, die allen Reisenden Wünschen gerecht wird.

Für Familien bringt das Jahr 2026 einen verbesserten Zugang zu Parks, Wasserattraktionen und familienfreundlichen Resorts. Für Geschichtsliebhaber eröffnen erweiterte Museumsausstellungen und nun für die Öffentlichkeit zugängliche archäologische Stätten neue Entdeckungsmöglichkeiten. Und für alle, die sich nach

Nachtleben und Unterhaltung sehnen, sind Bodrum und Marmaris weiterhin führend mit pulsierenden Clubs und Kulturfestivals, die warme Sommernächte zu unvergesslichen Erlebnissen machen.

Ein Blick auf den Charme von Muğla

Es ist schwierig, das wahre Wesen von Muğla auf einen Blick zu erfassen, aber wenn Sie erst einmal angekommen sind, werden Sie seinen Charme überall spüren. Er liegt in den roten Ziegeldächern der weiß getünchten Häuser, die sich über die Bergdörfer erstrecken. Er liegt im türkisfarbenen Wasser der Buchten, das so klar ist, dass es wie von Hand gemalt wirkt. Er liegt im freundlichen Lächeln eines Markthändlers, der Feigen anbietet, die süßer sind als Honig.

Muğla ist ein Land, in dem Kontraste harmonisch miteinander verschmelzen. Antike Amphitheater erheben sich neben geschäftigen Badeorten. Ruhige Fischerdörfer liegen friedlich neben Jachthäfen voller Luxusyachten. In den Bergschluchten hallt das Rauschen des Wassers wieder, während die nahegelegenen Strände dazu einladen, sich unter der mediterranen Sonne auszustrecken. Diese Mischung aus Alt und Neu, Wild und Raffiniert macht Muğla unendlich faszinierend.

Der Charme liegt auch in der Geschwindigkeit. Die Region bietet zwar ein erstklassiges Nachtleben und glamouröse Resorts, verliert aber nie ihren entspannten mediterranen Charakter. In kleineren Städten wie Akyaka oder Köyceğiz geht das Leben gemächlich voran. Genießen Sie Momente bei einer Tasse Tee, spazieren Sie an Cafés am Flussufer entlang oder treiben Sie in einem Boot unter überhängenden Weiden.

Dann gibt es noch Überraschungen: Entdecken Sie ein Geisterdorf in Kayaköy, stolpern Sie über eine versteckte Bucht, in der Sie der einzige Schwimmer sind, oder finden Sie sich auf einem lokalen Festival wieder, bei dem Musik, Tanz und Gelächter die Straßen erobern. Diese Erlebnisse erinnern daran, dass Muğla mehr als nur ein Urlaubsziel ist; es ist ein Ort, der das Herz mit jedem Schritt erobert.

Geographie und Klima von Mugla

Muğla ist eine der geografisch günstigsten Regionen der Türkei und erstreckt sich entlang der Südwestküste des Landes, wo Ägäis und Mittelmeer aufeinandertreffen. Die Provinz erstreckt sich über eine abwechslungsreiche Landschaft und bietet mit über 1.100 Kilometern atemberaubender Küste die längste türkische Provinz. Übersetzt mit Buchten und Inseln ist sie ein Paradies für Segler, Strandliebhaber und Abenteurer.

Das Gelände ist so abwechslungsreich wie die Küste. Hinter den Stränden und Ferienorten erheben sich pinien bewachsene Berge, Täler voller Olivenhaine, fruchtbare Ebenen und Flüsse, die sich ihren Weg durch dramatische Schluchten bahnen. Seen wie der Köyceğiz tragen zum Charme bei, während versteckte Wasserfälle und Quellen daran erinnern, dass Muğlas Schönheit nicht auf die Küste beschränkt ist. Diese geografische Vielfalt ist einer der größten Schätze der Region und ermöglicht es Besuchern, auf einer einzigen Reise mehrere Landschaften zu genießen. Sie können morgens mit dem Gleitschirm vom hoch aufragenden Berg Babadag abheben, mittags im ruhigen Wasser der Blauen Lagune schwimmen und abends durch uralte Waldpfade wandern.

Muğla weist ein typisch mediterranes Klima auf: heiße, trockene Sommer und milde, feuchte Winter. Die Sommer von Juni bis September sind lang und sonnig, mit Temperaturen zwischen 28 °C und 35 °C – ideal für Strandurlaube, Segeln und Outdoor-Abenteuer. Frühling und Herbst gelten als die beste Reisezeit, da sie warmes, aber angenehmes Wetter, blühende Landschaften und weniger Menschenmassen bieten. Die Winter sind zwar im Vergleich zu Nordeuropa mild, bringen aber kühlere Tage und Regen mit sich und sind daher ideal für alle, die Ruhe, kulturelle Entdeckungsreisen oder Wellness-Urlaube bevorzugen.

Dank dieser einzigartigen Mischung aus Geografie und Klima hat Muğla zu jeder Jahreszeit für jeden Reisenden etwas zu bieten. Ob Sonnenanbeter, Wanderer, Geschichtsinteressierter oder Kulturinteressierter – die Region bietet den perfekten Rahmen für unvergessliche Erinnerungen.

Eine kurze Geschichte von Muğla

Die Geschichte Muğlas ist so vielschichtig und farbenfroh wie seine Landschaften. Dieses Land ist seit Tausenden von Jahren ein Knotenpunkt der Zivilisationen, und jede einzelne hinterließ Spuren, die seine Identität bis heute prägen. Von den antiken Karien und Lykien über griechische Siedler, römische Legionen, byzantinische Herrschaft bis hin zum osmanischen Erbe war Muğla schon immer ein Ort, an dem Kulturen aufeinandertreffen und Geschichten miteinander verwoben sind.

Die ersten bekannten Bewohner der Region waren die Karer, ein Volk, das entlang der Ägäisküste florierte. Ihr Einfluss ist noch heute in antiken Städten wie Stratonikeia und Kaunos sichtbar, wo Ruinen noch heute als stumme Zeugen ihrer Hochkultur stehen. Später kamen die Griechen, die prächtige Theater, Tempel und Häfen erbauten und Städte wie Knidos und Telmessos (das heutige Fethiye) in pulsierende Handels- und Kulturzentren verwandelten.

Die Römer prägten die Region weiter und brachten ihr durch Handelsrouten und monumentale Architektur Wohlstand, während die Byzantiner mit Kirchen, Klöstern und befestigten Siedlungen ihre Spuren hinterließen. Nach den Seldschuken und später den Osmanen entwickelte sich Muğla zu einem kulturellen Mosaik, das islamische Traditionen mit seinem bereits reichen Erbe verband. Städte wie Muğla und Milas spiegeln mit ihren jahrhundertealten Holzhäusern, Basaren und Moscheen noch heute den osmanischen Charme wider.

Was Muğla so bemerkenswert macht, ist die lebendige Geschichte der Stadt. Bei einem Spaziergang durch Kayaköy, das Geisterdorf, das nach dem Bevölkerungsaustausch zwischen Griechenland und der Türkei in den 1920er Jahren verlassen wurde, spürt man die Echos der jüngeren Geschichte. Ein Besuch der Burg von Bodrum, die im 15. Jahrhundert von den Johannitern erbaut wurde, erinnert an Muğlas Rolle in der mittelalterlichen Seeverteidigung. Selbst in den modernen Ferienorten findet man oft antike Ruinen, die sich diskret in die Landschaft schmiegen – eine ständige Erinnerung daran, dass Muğla seit Jahrtausenden geschätzt wird.

Heute ist Muğla nicht nur ein Urlaubsziel, sondern ein lebendiges Museum, in dem jede Stadt, jede Ruine und jede Straße eine Geschichte des Überlebens, des Wandels und des kulturellen

Reichtums erzählt. Die Geschichte ist nicht in Büchern festgehalten, sondern kann erkundet, berührt und erlebt werden.

Muğla heute: Modernes Leben und lokaler Lebensstil

Wer Muğla heute erlebt, erlebt eine faszinierende Balance zwischen Tradition und Moderne. Während die antiken Ruinen und Straßen aus der osmanischen Zeit von vergangenen Jahrhunderten erzählen, erzählen die geschäftigen Städte und kosmopolitischen Ferienorte die Geschichte einer Region, die die Gegenwart angenommen hat, ohne ihre Seele zu verlieren.

Die Provinz selbst ist in ihrem dualen Charakter einzigartig. Auf der einen Seite liegen weltberühmte Touristenzentren wie Bodrum, Marmaris und Fethiye, wo moderne Yachthäfen mit Luxusyachten glänzen, lebhafte Bars die Sommerluft mit Musik erfüllen und internationale Besucher sich in einer Mischung aus Kulturen mit Einheimischen vermischen. Auf der anderen Seite finden Sie nur eine kurze Fahrt landeinwärts verschlafene Dörfer, in denen das Leben noch immer vom Rhythmus der Jahreszeiten bestimmt wird. Bauern stehen früh auf, um Olivenhaine zu pflegen, Frauen bereiten frische Gözleme auf Grillplatten im Freien zu und Teegärten sind der Mittelpunkt gemeinschaftlicher Zusammenkünfte.

Muğla, die Provinzhauptstadt, ist im Vergleich zu den glamourösen Küstenstädten ruhiger, verkörpert aber dennoch die Authentizität der Region. Mit ihren weiß getünchten Häusern, engen Kopfsteinpflasterstraßen und schattigen Plätzen fühlt man sich wie in einer einfacheren, gemächlichen Türkei. Auf den alten

Basaren herrscht noch immer reges Treiben und es wird alles von handgewebten Textilien bis hin zu aromatischen Gewürzen verkauft. Bei einer Tasse starken türkischen Tees fließen Gespräche, und Fremde werden schnell zu Freunden – ein bleibendes Merkmal der Gastfreundschaft Muğlas.

Doch auch Muğla ist mit modernem Komfort bestens vertraut. Die Flughäfen Milas-Bodrum und Dalaman verbinden die Provinz mit der Welt, und die Küsten-Resorts bieten Fünf-Sterne-Luxus neben Boutique-Unterkünften. Die Restaurants reichen von traditionellen Lokantas mit herzhaften türkischen Gerichten bis hin zu gehobenen Restaurants mit internationalen Menüs. Die jüngere Generation, insbesondere in Bodrum und Marmaris, genießt ein pulsierendes Nachtleben mit Strandclubs, Livemusik und Open-Air-Festivals, die bis in die frühen Morgenstunden andauern.

Trotz dieser Modernisierung ist der lokale Lebensstil tief in der Tradition verwurzelt. Die täglichen Märkte bleiben ein zentraler Bestandteil des Gemeinschaftslebens, wo frische Produkte, Oliven, Käse und Gewürze ein farbenfrohes Spektakel bieten. Gastfreundschaft ist nicht nur eine kulturelle Norm, sondern eine Lebenseinstellung. Gäste werden herzlich empfangen, oft mit Angeboten wie Tee, Obst oder hausgemachten Gerichten. Der Gemeinschaftssinn ist stark ausgeprägt; Nachbarn feiern Hochzeiten, religiöse Feste und sogar kleine Meilensteine gemeinsam.

Einer der faszinierendsten Aspekte von Muğla ist seine Fähigkeit, die unterschiedlichsten Reisenden anzusprechen und gleichzeitig seine Authentizität zu bewahren. Abenteuerlustige können von

Babadag aus Paragliding machen oder zu den Göcke-Inseln segeln, während Ruhesuchende sich in Wellness-Resorts, Thermalbäder oder ruhige Fischerdörfer zurückziehen können. Kulturbegeisterte können sich in antiken Ruinen und Museen verlieren, während Familien Wasserparks, sichere Strände und unzählige Outdoor-Aktivitäten finden.

Im Herzen des modernen Muğla dreht sich alles um Ausgewogenheit. Hier trifft Tradition auf Eleganz, der Klang der Gebetsrufe aus alten Moscheen harmoniert mit dem Gelächter aus den Strandcafés und ein jahrhundertealter Respekt vor der Natur prägt bis heute den Alltag. Leben wie ein Einheimischer bedeutet hier, langsamer zu werden, den Moment zu genießen und die Schönheit sowohl im Einfachen als auch im Spektakulären zu erkennen.

KAPITEL ZWEI

Top-Attraktionen und versteckte Juwelen

Naturwunder von Mugla

Saklikent-Schlucht

Versteckt in den Falten des Taurusgebirges,Saklikent-Schlucht ist eines der atemberaubendsten Naturwunder von Muğla und ein Spaziergang durch sie fühlt sich an, als würde man eine andere Welt betreten. Mit einer Länge von fast 18 Kilometern und einer Tiefe von 300 Metern ist sie eine der tiefsten Schluchten der Türkei und eine der dramatischsten Landschaften, die Sie jemals sehen werden.

Die Reise beginnt auf einem Holzsteg, der sich an die steilen Felswände schmiegt und Ihnen einen Blick aus der Vogelperspektive auf das rauschende, eiskalte Wasser unter Ihnen bietet. Je tiefer Sie vordringen, desto enger wird die Schlucht, und das Sonnenlicht fällt in kleinen Strahlen hindurch und schafft eine mystische Atmosphäre. Abenteurer können in den kühlen, schnell fließenden Fluss waten (gespeist vom Schmelzwasser der Berge), während Nervenkitzel-Suchende oft River Tubing, Canyoning oder Rafting durch die Schlucht ausprobieren. Im Sommer, wenn die Sonne vom Himmel brennt, bietet das eiskalte Wasser eine erfrischende Abwechslung – eine natürliche, von der Zeit geformte Klimaanlage.

Neben seiner natürlichen Schönheit bietet Saklıkent auch kleine Restaurants am Flussufer, wo Sie auf Plattformen über dem Wasser sitzen und frische Forellen oder Gözleme genießen können, während Sie dem Rauschen des Flusses lauschen.

Anreise: Die Saklıkent-Schlucht liegt etwa 50 Kilometer von Fethiye entfernt und ist leicht mit dem Auto, dem Dolmuş (Sammel-Minibus) oder geführten Touren zu erreichen, bei denen sie oft mit nahegelegenen Sehenswürdigkeiten wie Tlos kombiniert wird.
Eintrittspreis:Für den Eintritt wird eine geringe Gebühr erhoben (in den letzten Jahren normalerweise etwa 10–15 TL, Änderungen bis 2026 vorbehalten).
Beste Reisezeit: Vom Spätfrühling bis zum Frühherbst, wenn der Wasserstand niedriger ist und Wandern im Inneren sicher ist.
Reisetipp: Bringen Sie Wasser Schuhe oder Sandalen mit Riemen mit, Sie benötigen diese, um bequem auf dem rutschigen Flussbett laufen zu können.

Schmetterlingstal

Nur wenige Orte auf der Welt sind so magisch und unberührt wie Schmetterlingstal, ein verstecktes Paradies zwischen hoch aufragenden Klippen, die dramatisch in das türkisfarbene Wasser des Mittelmeers abfallen. Dieses abgeschiedene Tal ist nur mit dem Boot oder über eine anspruchsvolle Wanderung von den Klippen hinunter erreichbar und zählt zu den berühmtesten Naturwundern von Muğla.

Das Tal verdankt seinen Namen den über 80 Schmetterlingsarten, die hier heimisch sind, darunter der seltene Jersey-Ritterfalter, der im Frühling und Frühsommer am besten zu sehen ist. Ein Spaziergang ins Tal fühlt sich an wie ein Schritt in einen Traum: üppiges Grün, von den Felsen herab rieselnde Wasserfälle und ein unberührter Strand, der weit weg von der modernen Welt scheint. Die Atmosphäre ist ruhig, fast spirituell und macht das Tal zu einem Paradies für Naturliebhaber, Rucksacktouristen und alle, die dem Alltag entfliehen möchten.

Der Strand im Schmetterlingstal besteht aus Sand und Kieselsteinen und bietet kristallklares Wasser, das zum Schwimmen, Schnorcheln oder einfach zum Sonnenbaden einlädt. Ein kleines Öko-Camp im Tal bietet rustikale Baumhäuser, Zelte und Hängematten zum Übernachten. Abends können Sie hier in aller Ruhe Lagerfeuer, Live-Musik und Sterne beobachten.

Anreise: Die meisten Besucher kommen mit dem Boot aus Ölüdeniz, das in den Sommermonaten regelmäßig Shuttles anbietet. Abenteuerlustige Wanderer können auch den steilen Pfad vom Dorf Faralya hinabsteigen, allerdings sind dafür Vorsicht und gutes Schuhwerk erforderlich.
Eintrittspreis: Der Eintritt ins Tal ist kostenlos, Bootstransfers kosten jedoch normalerweise etwa 20–40 TL (Hin- und Rückfahrt, saisonbedingt).
Beste Reisezeit: Im Spätfrühling und Frühsommer sind die Schmetterlinge am aktivsten, im Frühherbst sind weniger Menschen unterwegs.
Reisetipp: Wenn Sie über Nacht bleiben möchten, bringen Sie Mückenschutzmittel, eine Taschenlampe und Abenteuerlust mit. Dies ist rustikales Camping in seiner reinsten Form.

Babadag-Berg

Hoch über dem berühmten Ferienort Ölüdeniz stehend, ist der Babadag-Berg ist mehr als ein Naturdenkmal, es ist ein Spielplatz für Abenteurer und einer der atemberaubendsten Aussichtspunkte der Türkei. Die beeindruckenden 1.969 Meter hohen Berggipfel bieten einen Panoramablick auf die türkisfarbene Lagune, die Ägäisküste und sogar die fernen griechischen Inseln, die am Horizont schimmern.

Für alle, die den Nervenkitzel suchen, ist Babadag das ultimative Ziel zum Paragliding. Springen Sie von den Klippen und gleiten Sie wie ein Vogel über Ölüdeniz, zwischen Himmel und Meer, mit einer der malerischsten Kulissen der Welt unter Ihnen. Der Ort wird oft zu den besten Paragliding-Spots der Welt gezählt und zieht Enthusiasten aus aller Welt an. Selbst wenn Sie nicht mutig genug sind, den Sprung zu wagen, ist allein das Beobachten der farbenfrohen Fallschirme, die anmutig über den Himmel schweben, ein unvergessliches Erlebnis.

Wer es lieber gemütlicher mag, findet auf dem Berg Wanderwege durch Kiefernwälder und über Almwiesen, die zu versteckten Aussichtspunkten und Picknickplätzen führen. In den letzten Jahren hat eine moderne Seilbahn den Zugang erleichtert und bringt Besucher bequem die Hänge hinauf, ohne dass der Nervenkitzel des Gipfels verloren geht.

Anreise: Liegt nur 20 Minuten von Ölüdeniz entfernt und ist mit dem Auto, Taxi oder der Babadag-Seilbahn leicht zu erreichen.
Eintrittspreis: Für die Seilbahn oder den Paragliding-Service fällt je nach Aktivität eine geringe Gebühr an.
Beste Reisezeit: Frühling bis Herbst (April–Oktober), wobei das Gleitschirmfliegen im Sommer seinen Höhepunkt erreicht.
Reisetipp: Buchen Sie aus Sicherheitsgründen einen Gleitschirmflug bei einem lizenzierten Anbieter und bringen Sie unbedingt eine Jacke mit, da es auf dem Gipfel selbst im Sommer kühl sein kann.

Dalyan-Fluss und Kaunos-Felsengräber

Der anmutig zwischen dem Köyceğiz-See und dem Mittelmeer fließende Dalyan-Fluss ist ein Naturwunder und zugleich ein lebendiges Geschichtsbuch. Eine Bootsfahrt auf dem schilfgesäumten Wasser ist ein Höhepunkt jedes Besuchs in Muğla und bietet Begegnungen mit Wildtieren, antiken Ruinen und ruhigen Landschaften.

Wenn Sie den Fluss entlang treiben, ist der beeindruckendste Anblick die Felsengräber **von Kaunos**, um das 4. Jahrhundert v. Chr. in die Klippen gehauen. Diese lykischen Gräber mit ihren tempelartigen Fassaden thronen wie feierliche Wächter über dem Wasser und erinnern Besucher an die reiche Vergangenheit der Region. Ihre dramatische Lage und die komplexen Details machen sie zu einem der meistfotografierten Wahrzeichen von Muğla.

Die Gegend um Dalyan ist auch für ihr einzigartiges Ökosystem bekannt. Unechte Karettschildkröten (Caretta caretta) nisten auf nahegelegenen Iztuzu-Strand, und der Fluss selbst ist die Heimat von Reihern, Eisvögeln und sogar seltenen Fischarten. Viele Touren kombinieren eine Flusskreuzfahrt mit Stopps an der erholsamen Dalyan-Schlammbäder, wo Sie sich mit mineralischem Schlamm einreiben und anschließend im warmen Thermalwasser abspülen können.

Anreise: Dalyan liegt etwa 25 km von Dalaman und 80 km von Marmaris entfernt. Bootstouren starten täglich von der Stadt Dalyan.
Eintrittspreis: Bootsfahrten kosten je nach Dauer und Inklusivleistungen etwa 50–100 TL (Preise können bis 2026 variieren).

Beste Reisezeit: Im Frühling und Sommer können Sie Wildtiere beobachten, im Herbst ist es kühler und es ist weniger los.

Reisetipp: Bringen Sie ein Fernglas zur Vogelbeobachtung und eine Kamera mit gutem Zoom mit, um die Gräber vom Fluss aus aufzunehmen.

Köyceğiz-See

Eingebettet in die Ausläufer der Berge und verbunden mit dem Fluss Dalyan,Köyceğiz-See ist ein ruhiger Rückzugsort, der sich Welten entfernt von den geschäftigen Küstenorten anfühlt. Sein weites, glasklares Wasser spiegelt die umliegenden Berge und Wälder wider und schafft eine postkarte reife Szenerie.

Der See ist nicht nur wunderschön, sondern auch reich an Artenvielfalt. Er ist Teil eines Naturschutzgebietes und zieht Vögel wie Pelikane, Reiher und Kormorane an. Besucher können entspannende Bootsfahrten über den See unternehmen, in kleinen Dörfern entlang der Ufer Halt machen oder den Dalyan-Fluss hinunter zum Meer fahren. Die Thermalquellen des Sees, insbesondere die**Sultaniye-Thermalquellen**, sind eine große Attraktion, die Einheimischen glauben seit langem an ihre heilende Wirkung und das Eintauchen in das warme, mineralreiche Wasser ist sowohl wohltuend als auch erfrischend.

Für Outdoor-Fans bietet die Gegend um Köyceğiz Möglichkeiten zum Wandern, Radfahren und Kajakfahren, während die Stadt selbst einen entspannten Charme mit einer schönen Promenade voller Cafés und Restaurants hat, in denen Sie frisch gefangenen Fisch und regionale Spezialitäten genießen können.

Anreise: Liegt etwa 60 km von Marmaris und 35 km von Dalaman entfernt und ist mit dem Auto oder Bus leicht zu erreichen. Bootstouren werden von Dalyan und Köyceğiz aus angeboten.
Eintrittspreis: Der Zugang zum See ist kostenlos; für Bootstouren und Besuche der heißen Quellen fallen möglicherweise geringe Gebühren an.
Beste Reisezeit: Frühling und Herbst für mildes Wetter und Vogelbeobachtung; Sommer zum Schwimmen und für Seekreuzfahrten.
Reisetipp: Bleiben Sie bis zum Sonnenuntergang. Die Spiegelungen auf dem See in der Abenddämmerung sind magisch und tauchen den Himmel in Gold- und Rosatöne.

Yuvarlakçay-Fluss

Versteckt in der üppigen Landschaft in der Nähe von Köyceğiz/Yuvarlakçay-Fluss Ist einer der erfrischendsten Zufluchtsorte Muğlas. Sein eiskaltes Wasser sprudelt aus Bergquellen, schlängelt sich durch Wälder und schafft ein Paradies aus natürlichen Pools, schattigen Picknickplätzen und rustikalen Restaurants am Flussufer. Der Fluss ist berühmt für seine kalte Temperatur; selbst an den heißesten Sommertagen steigt die Temperatur selten über 10 °C. Einheimische und Besucher trotzen gleichermaßen dem kalten Wasser, springen zum Schwimmen hinein oder schaukeln auf Seile Schaukeln, die an den Bäumen befestigt sind.

Ein Highlight ist das Essen auf Holzplattformen direkt über dem Fluss. Mit den Füßen im Wasser baumelnd und dem Rauschen der Flüsse ringsum – die perfekte Kulisse für einen Teller frisch gegrillten Fisch oder traditionelle Gözleme. Die ganze Gegend wirkt wie ein natürlicher Spielplatz, ideal für Familien, Paare und alle, die eine Pause vom Strand Trubel suchen.

Anreise: Etwa 15 km von der Stadt Köyceğiz entfernt, mit dem Auto oder Taxi erreichbar. Lokale Dolmuş-Dienste verbinden auch die umliegenden Dörfer.
Eintrittspreis: Kostenlos, obwohl Restaurants möglicherweise eine geringe Gebühr für die Nutzung ihrer Plattformen erheben.
Beste Reisezeit: Sommer zum Abkühlen im eisigen Nass.
Reisetipp: Bringen Sie Wasserschuhe mit, wenn Sie hinein warten möchten, die Steine können rutschig und scharf sein.

Akbük-Bucht

Versteckt am Golf von Gökova,Akbük-Bucht ist eines der unberührtesten und friedlichsten Küsten Juwelen Muğlas. Im Gegensatz zu den überfüllten Ferien Stränden bietet Akbük eine ruhigere, natürlichere Umgebung: kristallklares türkisfarbenes Wasser, eingerahmt von Pinienwäldern und Bergen, die direkt ins Meer abfallen scheinen.

Das flache Wasser und der weiche Sandboden der Bucht eignen sich ideal zum Schwimmen, insbesondere für Familien mit Kindern. Kleine Cafés und Restaurants säumen die Küste, doch die Bebauung wurde dezent gehalten, um die natürliche Schönheit zu bewahren. Schnorchler kommen hier voll auf ihre Kosten, denn die Unterwassersicht macht das Beobachten von Meereslebewesen einfach und lohnend.

In den letzten Jahren hat Akbük als umweltfreundlicher Zufluchtsort an Aufmerksamkeit gewonnen. Wer ganz in die ruhige Atmosphäre eintauchen möchte, kann hier campen oder einfache Gästehäuser nutzen.

Anreise: Liegt etwa 25 km von Akyaka entfernt und ist mit dem Auto oder dem Dolmuş leicht zu erreichen. Parkplätze stehen in Strandnähe zur Verfügung.
Eintrittspreis:Für die Öffentlichkeit ist der Zugang kostenlos, einige private Strandclubs erheben jedoch möglicherweise eine geringe Gebühr.
Beste Reisezeit: Im Sommer zum Schwimmen und Sonnenbaden; im Frühling und Herbst für ruhige Spaziergänge und weniger Menschenmassen.

Reisetipp: Bringen Sie Schnorchelausrüstung mit, dies ist eine der klarsten Buchten in Muğla.

Gruppen Wasserfall

Etwas außerhalb von Köyceğiz, versteckt in einem üppigen Kiefernwald, liegt das bezaubernde Gruppen **Wasserfall Eine** kurze, schattige Wanderung führt Sie zu diesem Naturwunder, wo ein Wasservorhang in einen kühlen, smaragdgrünen Pool stürzt. Es ist eine Oase der Ruhe und bietet nicht nur landschaftliche Schönheit, sondern auch die Möglichkeit für ein erfrischendes Bad im natürlichen Infinity-Pool.

Der Wasserfall ist klein, aber zauberhaft. Umgeben von Felsen, die zum Sonnenbaden einladen, und Bäumen, die natürlichen Schatten spenden, kommen Familien oft zum Picknick hierher, während Abenteurer gerne auf den Felsen klettern oder die nahegelegenen Waldwege erkunden. Es ist einer jener Orte, an denen man problemlos einen ganzen Nachmittag abseits des Trubels der Städte und Ferienorte verbringen kann.

Anreise: Etwa 8 km von der Stadt Köyceğiz entfernt; mit dem Auto, Fahrrad oder sogar einer kurzen Taxifahrt erreichbar. Das letzte Stück erfordert eine kurze Wanderung durch den Wald.
Eintrittspreis: frei.
Beste Reisezeit: Im Frühling und Frühsommer ist der Wasserstand am höchsten und die Wasserfälle am spektakulärsten.
Reisetipp: Tragen Sie für die kurze Wanderung festes Schuhwerk und bringen Sie Badekleidung mit, wenn Sie ein Bad nehmen möchten.

Akyaka Azmak-Fluss

Die charmante Stadt Akyaka ist bereits für ihre entspannte Atmosphäre bekannt, aber ihr Kronjuwel ist die Azmak-Fluss, ein kristallklarer, von Quellen gespeisten Wasserlauf, der direkt in den Golf von Gökova mündet. Der Fluss ist so durchsichtig, dass Fische, Pflanzen und Kieselsteine unter der Oberfläche vergrößert erscheinen und eine surreale Unterwasserlandschaft schaffen.

Bootstouren auf dem Azmak sind eine beliebte Aktivität. Gleiten Sie durch das eisige Wasser, passieren Sie Schilf, überhängende Weiden und Cafés am Flussufer, wo Sie etwas trinken oder essen können. Für viele Besucher ist es ein Höhepunkt ihrer Reise, einfach in einem Restaurant am Flussufer zu sitzen, die Füße ins kühle Wasser zu tauchen und dabei frisch gefangene Meeresfrüchte zu genießen.

Trotz seiner Schönheit hat der Azmak-Fluss eine ruhige, fast geheimnisvolle Atmosphäre. Er ist bei Einheimischen und all jenen, die wissen, wo sie suchen müssen, beliebt, wirken aber nie überfüllt. Für Fotografen ist es ein Traum: Die Spiegelungen, die Tierwelt und die beeindruckenden Farben des Wassers sorgen für unvergessliche Aufnahmen.

Anreise: Liegt in Akyaka, etwa 30 km von Muğla und 25 km von Marmaris entfernt. Erreichbar mit dem Auto, Dolmuş oder Fahrrad, wenn Sie in der Nähe wohnen.
Eintrittspreis: Der Eintritt ist frei; für Bootstouren fällt eine geringe Gebühr an (in den letzten Jahren etwa 50 TL).
Beste Reisezeit: Im Sommer gibt es Bootsfahrten und Abendessen am Flussufer, im Frühling und Herbst sind ruhigere

Erlebnisse möglich.

Reisetipp: Wenn Sie kälteempfindlich sind, seien Sie beim Schwimmen vorsichtig, das Wasser ist selbst an den heißesten Tagen erfrischend eiskalt.

Versteckte Juwelen und abgelegene Ziele

Geisterdorf Kayaköy

Eingebettet in die Hügel oberhalb von Fethiye,**Geisterdorf Kayaköy ist** einer der faszinierendsten und eindringlichsten verborgenen Schätze Muğlas. Einst eine blühende griechische Siedlung namens Levissi, wurde das Dorf in den 1920er Jahren im Zuge des Bevölkerungsaustauschs zwischen Griechenland und der Türkei aufgegeben. Heute sind die bröckelnden Steinhäuser, Kapellen und Kopfsteinpflaster Wege wie eingefroren – eine ergreifende Erinnerung an die Vergangenheit.

Ein Spaziergang durch Kayaköy fühlt sich an wie ein Freilichtmuseum. Die Atmosphäre ist unheimlich und schön zugleich: dachlose, mit Pflanzen überwucherte Häuser, leere Kirchen mit verblassenden Fresken und ein Panoramablick auf die umliegenden Täler und das Meer. Manche Besucher empfinden die Stille als unheimlich, andere beschreiben sie als friedlich, ja sogar spirituell.

Viele Reisende wandern von Kayaköy hinunter nach Lagune **von Ölüdeniz**, einem malerischen Wanderweg, der Sie mit einem der berühmtesten Strände der Türkei belohnt. Das Dorf hat auch Literatur und Kunst inspiriert und diente als Kulisse für Louis de Bernières‘ Roman Engel *ohne Flügel.*

Anreise: Liegt etwa 8 km südlich von Fethiye und ist mit dem Auto, Dolmuş oder für Wanderfreunde auch zu Fuß erreichbar.
Eintrittspreis: Geringer Eintrittspreis (ca. 20–30 TL).
Beste Reisezeit: Morgens oder am späten Nachmittag, um der Hitze zu entgehen und das goldene Licht zu genießen.
Reisetipp: Bringen Sie Wasser und gute Wanderschuhe mit; das Gelände ist uneben und hügelig.

Ruinen der antiken Stadt Tlos

Hoch oben in den Hügeln über dem Xanthos-Tal gelegen,**Ruinen der antiken Stadt Tlos sind** eine der beeindruckendsten archäologischen Stätten von Muğla und überraschenderweise weniger besucht als Ephesus oder Pamukkale. Tlos war eine der wichtigsten Städte des antiken Lykien und soll die Heimat des mythischen Helden Bellerophon und seines geflügelten Pferdes Pegasus gewesen sein.

Die Ruinen erstrecken sich über einen Hügel und fügen sich harmonisch in die felsige Landschaft ein. Besucher können lykische Felsengräber, die direkt in die Klippen gehauen wurden, die Überreste eines römischen Amphitheaters, einer osmanischen Festung und byzantinischen Kirchen erkunden. Die Aussicht von der Stätte ist atemberaubend: schneebedeckte Berge auf der einen Seite und sanfte Täler auf der anderen.

Trotz seiner reichen Geschichte ist Tlos relativ ruhig geblieben und bietet ein authentisches, fast intimes archäologisches Erlebnis. Wenn man hier spazieren geht, kann man fast die Last der Jahrhunderte unter seinen Füßen spüren.

Anreise: Etwa 40 km von Fethiye entfernt, mit dem Auto oder geführten Touren erreichbar.
Eintrittspreis: Etwa 30–50 TL.
Beste Reisezeit: Frühling und Herbst, wenn das Wetter mild genug zum Erkunden ist.
Reisetipp: kombinieren Sie einen Besuch in Tlos mit der nahegelegenen Saklıkent-Schlucht für einen ganzen Tag voller Abenteuer.

Gökova-Bucht

Ein weitläufiger Abschnitt türkisfarbenen Wassers, umrahmt von üppigen Kiefernwäldern und Bergketten,Gökova-Bucht ist eine der bezauberndsten Küstenlandschaften Muğlas. Trotz seiner Größe und Schönheit bleibt es eine ruhige Alternative zu den belebten Touristenzentren und ist somit ein echtes Reiseziel abseits der ausgetretenen Pfade.

Die Bucht ist übersät mit ruhigen Fischerdörfern, versteckten Buchten und unberührten Stränden, an denen Sie schwimmen, schnorcheln oder einfach die Landschaft genießen können. Segeln ist hier besonders beliebt, da die ruhigen Gewässer von Gökova zu den besten Segel Sportarten in der Türkei zählen. Bootstouren führen oft zu abgelegenen Buchten und Inseln, die Sie sonst nie entdecken würden.

Einer der ikonischen Orte der Bucht ist die Kleopatra-Insel **(Sedir-Insel)**, berühmt für seinen goldenen Sand, den Marcus Antonius angeblich für Kleopatra selbst importierte. Ob Sie segeln, schwimmen oder einfach nur zusehen, wie die Sonne hinter den Bergen versinkt, die Gökova-Bucht bietet eine seltene Art von Ruhe, die anderswo nur schwer zu finden ist.

Anreise: Liegt in der Nähe von Akyaka, etwa 30 km von der Stadt Muğla entfernt. Erreichbar mit dem Auto, Dolmuş oder Bootstouren von nahegelegenen Städten.
Eintrittspreis: In den meisten Gebieten ist der Eintritt kostenlos, für bestimmte Inseln wie die Kleopatra-Insel wird jedoch eine Eintrittsgebühr erhoben.
Beste Reisezeit: Im Sommer für Wasseraktivitäten, im Frühling und Herbst für ruhige Erkundungen.
Reisetipp: Mieten Sie einen Kajak oder nehmen Sie an einer kleinen Segeltour teil, um die verborgenen Winkel der Bucht zu erkunden.

Herr Paradies

Übersetzt heißt das „Paradiesbucht", Herr **Paradies, Macht** seinem Namen alle Ehre: klares Wasser, pinien bewachsene Hügel und eine friedliche Atmosphäre, die sich weit entfernt von den beliebteren Touristengebieten anfühlt. Dieses abgeschiedene Juwel in der Nähe von Marmaris ist nur mit dem Boot oder zu Fuß erreichbar und ideal für alle, die unberührte Schönheit suchen.

Das Wasser hier ist kristallklar und ideal zum Schwimmen und Schnorcheln. Da die Cennet Bay schwerer zu erreichen ist, ist sie selbst in der Hochsaison meist nicht überfüllt und somit eine Oase der Entspannung. Kleine Boote und Gulets ankern hier oft, sodass Reisende direkt ins türkisfarbene Meer eintauchen oder an Land ein Picknick genießen können.

Im Gegensatz zu einigen stärker erschlossenen Stränden verfügt Cennet Bay nur über minimale Einrichtungen, was seinen unberührten Charme noch verstärkt. Es ist die Art von Ort, an dem Sie in der Sonne liegen, stundenlang schwimmen und sich fühlen können, als hätten Sie Ihr eigenes privates Paradies entdeckt.

Anreise: Am besten erreichbar durch Bootstouren von Marmaris oder über Wanderwege durch die umliegenden bewaldeten Hügel.
Eintrittspreis: frei.
Beste Reisezeit: Sommer zum Baden und für Bootsfahrten.
Reisetipp: Packen Sie Snacks, Getränke und das Nötigste ein, da die Möglichkeiten begrenzt sind.

Kargi Bay

Ein ruhiger Rückzugsort, nur eine kurze Fahrt von Bodrum entfernt,**Kargi Bay ist** ein Ort, an dem türkisfarbenes Wasser auf eine Kulisse aus Pinien und Olivenhainen trifft. Im Gegensatz zu den beliebteren Stränden von Bodrum hat die Kargı-Bucht einen entspannten Charme und zieht diejenigen an, die das Meer ohne Menschenmassen genießen möchten.

Der Strand besteht aus Kieselsteinen und Sand und bietet ruhiges, kristallklares Wasser, das ideal zum Schwimmen und Schnorcheln ist. Entlang der Küste finden Sie kleine, familiengeführte Restaurants, die frische Meeresfrüchte und Meze servieren, sodass Sie hier problemlos einen ganzen Tag verbringen können. Liegen und Sonnenschirme stehen zur Verfügung, aber die Atmosphäre ist im Vergleich zu den Stränden im Resort-Stil deutlich entspannter.

Anreise: Liegt etwa 3 km von Bodrum entfernt und ist mit dem Auto, Taxi oder Dolmuş leicht zu erreichen.
Eintrittspreis:Für die Öffentlichkeit ist der Zugang kostenlos; einige Strandcafés verlangen möglicherweise eine Gebühr für Sonnenliegen.
Beste Reisezeit: Im Spätfrühling und Frühherbst ist das Wetter warm und es gibt weniger Besucher.
Reisetipp: Bleiben Sie bis zum Sonnenuntergang, die Bucht bietet einige der schönsten Abend-Aussichten auf der Halbinsel Bodrum.

Kabak-Tal

Für Reisende, die unberührte Natur und eine unkonventionelle Atmosphäre suchen,Kabak-Tal In der Nähe von Fethiye liegt einer der magischsten verborgenen Schätze von Muğla. Eingebettet zwischen steilen Klippen und dem blauen Mittelmeer fühlt sich dieses Tal wie ein geheimes Paradies an, weit weg von der modernen Welt.

Kabak ist vor allem für seinen abgeschiedenen Strand bekannt, den man über einen steilen Wanderweg oder mit dem Boot erreicht. Der Strand selbst ist kieselig und bietet kristallklares Wasser. Der wahre Charme liegt jedoch im umliegenden Tal, den üppigen Wäldern, Wasserfällen und einfachen Holzbungalows, in denen Besucher übernachten können. Die Gemeinde hier hat eine umweltbewusste Hippie-Atmosphäre mit Yoga-Retreats, Open-Air-Restaurants und Lagerfeuern unter dem Sternenhimmel.

Anreise: Etwa 25 km von Fethiye entfernt fahren Dolmuş-Busse nach Faralya, von wo aus sie eine Wanderung oder einen Shuttle-Minibus hinunter bringt.
Eintrittspreis: frei.
Beste Reisezeit: Frühling und Herbst zum Wandern und für kühleres Wetter; Sommer für Strandaufenthalte.
Reisetipp: Packen Sie leicht und tragen Sie für den Abstieg geeignete Schuhe. Es kann steil sein, aber jeder Schritt ist es wert.

Yediler-Kloster auf dem Berg Latmos

Versteckt an den Hängen von Berg **Latmos**(Beşparmak-Gebirge), ist das Yediler-Kloster Ist einer der am wenigsten bekannten, aber faszinierendsten historischen Schätze von Muğla. Das Kloster stammt aus byzantinischer Zeit und ist eine Ansammlung von Steinkapellen, Einsiedlerhöhlen und Fresken, die über eine dramatische Felslandschaft verstreut sind.

Die Reise hierher ist ebenso lohnend wie das Ziel. Beim Wandern durch das raue Berggelände begegnen Sie riesigen Felsbrocken, die von Jahrhunderten des Windes und Regens geformt wurden, uralten Felsmalereien und atemberaubenden Ausblicken über Bafa-See Das Kloster selbst, das teilweise in Ruinen liegt, bewahrt noch immer Fragmente farbenfroher Fresken, die einen Einblick in seine spirituelle Vergangenheit bieten.

Dies ist keine mondäne Touristenattraktion, sondern eine raue, stimmungsvolle und äußerst lohnende Stätte für alle, die Geschichte, Wandern und Entdeckungen lieben.

Anreise: Erreichbar vom Dorf Kapıkırı in der Nähe des Bafa-Sees; erfordert eine Wanderung auf den Berg. Am besten mit einem Führer.
Eintrittspreis: frei.
Beste Reisezeit: Frühling und Herbst, wenn die Wanderbedingungen angenehm sind.
Reisetipp: Bringen Sie festes Schuhwerk, Wasser und eine Kamera mit, die Landschaft ist ebenso bemerkenswert wie das Kloster selbst.

Sultaniye-Thermalquellen

Gelegen an den Ufern von Köyceğiz-See, Die **Sultaniye-Thermalquellen Die** Bäder ziehen seit Jahrhunderten mit ihrem heilsamen, mineralreichen Wasser Besucher an. Die Bäder, deren Ursprung vermutlich auf die Römerzeit zurückgeht, sollen bei Rheuma und Hautkrankheiten helfen und zur allgemeinen Entspannung beitragen.

Die Quellen bestehen aus Schwimmbädern und Thermalbecken, in denen Sie sich mit weichem, grauem Schlamm bedecken und anschließend im warmen Wasser abspülen können. Das Erlebnis ist sowohl unterhaltsam als auch erholsam. Einheimische und Touristen genießen die natürliche Spa-Behandlung. Der Schwefelgeruch mag gewöhnungsbedürftig sein, aber viele schwören auf die gesundheitsfördernde Wirkung.

Auch jenseits der Bäder ist die Umgebung atemberaubend: Das ruhige Wasser des Köyceğiz-Sees erstreckt sich vor Ihnen, eingerahmt von Bergen und Schilf, die sich im Wind wiegen. Es ist eine einzigartige Mischung aus Wellness, Natur und Tradition.

Anreise: Erreichbar mit Bootstouren von Dalyan oder auf der Straße von Köyceğiz.
Eintrittspreis: Geringe Gebühr (ca. 20–30 TL).
Beste Reisezeit: Das ganze Jahr über ist das Wetter angenehm, allerdings herrschen im Frühling und Herbst die angenehmsten Temperaturen.
Reisetipp: Tragen Sie nicht Ihren besten Badeanzug, der Schlamm kann Flecken hinterlassen.

Historische und kulturelle Sehenswürdigkeiten

Burg Bodrum (Burg St. Peter)

Stolz am Rande des glitzernden Hafens von Bodrum gelegen,**Schloss St. Peter ist** nicht nur ein Wahrzeichen, sondern die Seele der Stadt. Erbaut im frühen 15. Jahrhundert von den Johannitern, hat diese Festung Jahrhunderte der Geschichte überstanden, von den Kreuzfahrern bis zur osmanischen Herrschaft. Ihre imposanten Steinmauern, robusten Türme und der beeindruckende Blick über die Ägäis machen sie zu einer der bekanntesten Sehenswürdigkeiten von Muğla.

Ein Spaziergang durch die Burg fühlt sich an wie eine Zeitreise. Jeder Turm trägt die Wappen verschiedener europäischer Nationen, während Geheimgänge und Verliese Geschichten mittelalterlicher Schlachten erzählen. Von den Wällen aus werden Besucher mit einem Panoramablick auf den Yachthafen von Bodrum und den endlosen blauen Horizont belohnt. Heute ist die

Burg nicht nur ein historisches Denkmal, sondern beherbergt auch eines der weltweit einzigartigsten Museen: das Bodrum Museum für Unterwasserarchäologie.

Anreise: Liegt im Stadtzentrum von Bodrum und ist vom Yachthafen aus leicht zu Fuß erreichbar.
Eintrittspreis: Etwa 150 TL (Kombiticket mit Museum).
Beste Reisezeit: Am frühen Morgen oder am späten Nachmittag ist es kühler und das Licht ist atemberaubend.
Reisetipp: Planen Sie mindestens 2–3 Stunden ein, um sowohl das Schloss als auch das Museum im Inneren zu erkunden.

Bodrum Museum für Unterwasserarchäologie

Innerhalb der Mauern der Burg von Bodrum befindet sich das Bodrum **Museum für Unterwasserarchäologie Ist** anders als jedes andere Museum in der Türkei und sogar weltweit. Anstatt typische Artefakte auszustellen, erweckt es die Geheimnisse von

Schiffswracks und Schätzen, die unter der Ägäis verborgen sind, zum Leben.

Zu den Exponaten des Museums gehören Amphoren, antike Schiffswracks, Schmuck und sogar die rekonstruierten Überreste von Schiffen, die Jahrtausende alt sind. Seine berühmteste Attraktion ist die Uluburun-Schiffswrack, ein Schiff aus der späten Bronzezeit, das vor der Küste von Kaş entdeckt wurde und eine beeindruckende Ladung aus Kupfer, Glas, Elfenbein und Gold transportierte.

Die Ausstellungen sind wunderschön kuratiert und verbinden Archäologie, Geschichte und Geschichtenerzählen. Jeder Raum ist einem anderen Wrack oder Thema gewidmet und vermittelt so das Gefühl einer Reise durch die maritime Geschichte. Auch für diejenigen, die sich nicht als Museums-Liebhaber bezeichnen, bietet dieser Ort ein faszinierendes, einzigartiges Erlebnis.

Anreise: Im Inneren der Burg von Bodrum, im Stadtzentrum von Bodrum.
Eintrittspreis: Im Schlossticket enthalten.
Beste Reisezeit: kombinieren Sie es mit einem Schlossbesuch für eine halbtägige Erkundung.
Reisetipp: Verpassen Sie nicht die Glashalle, in der filigrane antike Glasarbeiten ausgestellt sind, die aus dem Meer geborgen wurden.

Burg Marmaris und Archäologisches Museum

Mit Blick auf die Bucht von Marmaris, ist Marmaris **Schloss im** Vergleich zu Bodrum eine kleinere, aber ebenso faszinierende Festung. Sie bietet sowohl Geschichte als auch einen atemberaubenden Blick auf die Stadt und den Hafen. Ursprünglich von den Ionen erbaut und später im 16. Jahrhundert von den Osmanen unter Sultan Suleiman dem Prächtigen wieder aufgebaut, diente die Burg sowohl als militärische Festung als auch als Zufluchtsort.

Heute beherbergt es das Archäologische **Museum Marmaris**, mit Galerien, die der Archäologie, Ethnographie und Seefahrtsgeschichte gewidmet sind. Zu den Ausstellungsstücken gehören antike Amphoren, alltägliche Haushaltsgegenstände aus der Region und Artefakte aus der osmanischen Zeit, die Einblicke in das Leben in Muğla im Laufe der Jahrhunderte geben.

Die Burg selbst ist eine Attraktion. Ihre Steintreppen, Innenhöfe und Wälle schaffen eine Atmosphäre, die intim und zugleich geschichtsträchtig wirkt. Von oben werden Besucher mit einem atemberaubenden Blick über den geschäftigen Yachthafen von Marmaris und das glitzernde türkisfarbene Meer belohnt.

Anreise: Liegt in der Altstadt von Marmaris, nur einen kurzen Spaziergang vom Jachthafen entfernt.
Eintrittspreis: Etwa 50 TL.
Beste Reisezeit: Am späten Nachmittag ist es im Schloss ruhiger und das Licht für Fotos golden.
Reisetipp: Kombinieren Sie Ihren Besuch mit einem Spaziergang durch den alten Basar von Marmaris für einen perfekten kulturellen Nachmittag.

Antike Stadt Knidos

An der Spitze der Halbinsel **Datça**, wo die Ägäis auf das Mittelmeer trifft, liegen die stimmungsvollen Ruinen der Antike **Stadt Knidos.**Knidos war einst ein mächtiges Handels- und Kulturzentrum des antiken Karien und ist für seine einzigartige Lage auf einem Hügel mit Blick auf zwei natürliche Häfen berühmt, die es zu einer wichtigen Marinestadt machten.

Die Stätte erstreckt sich über ein windgepeitschtes Vorgebirge und beherbergt Überreste eines riesigen Amphitheaters, Tempel, Stadtmauern und Heiligtümer, die Aphrodite und Apollo gewidmet waren. Der Tempel der Aphrodite war in der Antike besonders berühmt und soll Praxiteles‘ legendäre Statue der Göttin beherbergt haben, eine der ersten nackten weiblichen Statuen der griechischen Kunst.

Heute geht es bei einem Spaziergang durch Kinos ebenso sehr um die Umgebung wie um die Ruinen selbst. Die Aussicht ist unvergesslich: tiefblaues Wasser auf beiden Seiten, schroffe Klippen und die ruhige, zeitlose Atmosphäre eines Ortes, an dem Geschichte auf raue Natur trifft.

Anreise: Etwa 38 km von der Stadt Datça entfernt; mit dem Auto oder per Bootstour von Bodrum und Datça aus erreichbar.
Eintrittspreis: Etwa 50 TL.
Beste Reisezeit: Im Frühling und Herbst ist es kühler und es herrscht weniger Trubel.
Reisetipp: Bringen Sie Wasser und Snacks mit, die Einrichtungen vor Ort sind begrenzt.

Antikes Theater Telmessos (Fethiye)

Mit Blick auf den Hafen von Fethiye, antikes **Theater von Telmessos ist** ein eindrucksvolles Zeugnis des reichen lykischen und römischen Erbes der Region. Dieses Amphitheater aus dem 2. Jahrhundert v. Chr. bot einst Platz für bis zu 6.000 Zuschauer und war Schauplatz von Aufführungen, Zeremonien und Bürgerversammlungen. Später wurde es in der Römerzeit renoviert, wodurch es den heute sichtbaren Stilmix erhielt.

Obwohl nur teilweise restauriert, bewahrt das Theater seine Pracht. Der Aufstieg in die obersten Ränge belohnt Besucher mit einem atemberaubenden Blick auf Fethiye, den Yachthafen und das glitzernde Mittelmeer dahinter. Im Sommer erwacht das Theater mit Konzerten und kulturellen Veranstaltungen zu neuem Leben und lässt den Geist seiner alten Vergangenheit wieder aufleben.

Anreise: Liegt in der Stadt Fethiye, in der Nähe des Hafens, leicht zu Fuß erreichbar.
Eintrittspreis: frei.
Beste Reisezeit: Am späten Nachmittag ist es kühler und man hat einen spektakulären Blick auf den Sonnenuntergang über der Bucht.
Reisetipp: Bringen Sie ein Kissen oder etwas Weiches mit, wenn Sie eine Aufführung besuchen, die Steinsitze können hart sein.

Altstadt von Muğla (Arasta-Basar und Uhrturm)

Der **Altstadt von Muğla ist** ein verstecktes Juwel, das von Besuchern, die in die Küstenorte strömt, oft übersehen wird. Doch dieses kleine, stimmungsvolle Viertel ist eine Fundgrube osmanischer Architektur, gepflasterter Straßen und traditionellen türkischen Charmes.

Im Herzen der Altstadt liegt das Arasta-Basar, ein historischer Marktplatz, auf dem einst Handwerker Kupfer, Textilien und Lederwaren herstellten. Heute hat er seinen altmodischen Charakter bewahrt, mit kleinen Läden, die Kunsthandwerk, Gewürze und Souvenirs verkaufen. Der Uhrturm **von Mugla**, 1895 von einem griechischen Handwerksmeister erbaut, ist ein weiteres Highlight und steht stolz als Symbol der multikulturellen Vergangenheit der Stadt.

Bei einem Spaziergang durch die Altstadt entdecken Sie weiß getünchte Häuser mit hölzernen Erkerfenstern, enge, verwinkelte Gassen und traditionelle türkische Kaffeehäuser, in denen die Zeit stillzustehen scheint. Hier können Sie abseits der geschäftigen Touristenzentren in das lokale Leben eintauchen.

Anreise: Liegt im Stadtzentrum von Muğla und ist von der Stadt aus leicht zu Fuß zu erreichen.
Eintrittspreis: frei.
Beste Reisezeit: Morgens, wenn auf dem Basar viel los ist, oder abends, wenn die Straßen wunderschön beleuchtet sind.
Reisetipp: Verpassen Sie es nicht, in einem der alten Teehäuser eine Tasse traditionellen türkischen Kaffee zu probieren.

Fethiye-Museum

Klein, aber voller Geschichte,**Fethiye-Museum**(auch genannt**Er kann**) bietet einen hervorragenden Überblick über das lykische, römische und byzantinische Erbe der Region. Das Museum beherbergt Artefakte aus nahegelegenen Städten wie Kaunos, Tlos und Letoon und bietet Besuchern einen Kontext zu den Ruinen, die sie in Muğla besuchen können.

Zu den Highlights zählen fein geschnitzte, lykische Grabsteine, antiker Schmuck, Münzen und Terrakottafiguren. Das Museum zeigt auch Stücke aus der byzantinischen und osmanischen Zeit und bietet so einen Überblick über die kulturelle Entwicklung der Region.

Obwohl das Museum kompakt ist, ist es gut kuratiert und lässt sich in weniger als einer Stunde erkunden. Für Geschichtsliebhaber ist es ein unverzichtbarer Zwischenstopp vor oder nach dem Besuch der archäologischen Stätten von Fethiye.

Anreise: Liegt im Stadtzentrum von Fethiye, in der Nähe der Regierungsgebäude.
Eintrittspreis: Etwa 20 TL.
Beste Reisezeit: Mittags, wenn die Sonne draußen am heißesten scheint, ist es ein kühler und ruhiger Zufluchtsort.
Reisetipp: kombinieren Sie dies mit einem Besuch des nahegelegenen Telmessos-Theaters für ein umfassendes kulturelles Erlebnis.

Familienfreundliche Orte in Mugla

Aqua Dream Water Park (Marmaris)

Auf einem Hügel mit Blick auf Marmaris gelegen,**Aqua Dream Water Park ist** der größte Wasserpark der Region und ein Paradies für Familien mit Kindern. Mit Panoramablick auf die Ägäis verbindet er Spaß mit malerischer Landschaft. Der Park bietet zahlreiche Hochgeschwindigkeits-Rutschen, Strömungskanäle, Wellenbecken und Spielbereiche für alle Altersgruppen.

Kinder können sich in den flachen Becken und auf den bunten Rutschen vergnügen, während Abenteuerlustige Fahrgeschäfte wie Kamikaze und Black Hole lieben. Eltern, die lieber entspannen, können an den Pools faulenzen oder an den Poolbars einen Drink genießen. Rettungsschwimmer sorgen für eine sichere und sorgenfreie Umgebung für Familien.

Anreise: Liegt 3 km vom Stadtzentrum von Marmaris entfernt und ist mit dem Auto, Taxi oder lokalen Dolmuş-Bussen erreichbar.
Eintrittspreis: Etwa 600–800 TL pro Person (Ermäßigungen für Kinder).
Beste Reisezeit: Im Sommer ist der Park vollständig geöffnet und pulsiert vor Energie.
Reisetipp: Kommen Sie früh, um Warteschlangen zu vermeiden und sich die besten Sonnenliegenplätze mit Aussicht zu sichern.

Atlantis Wasserpark (Marmaris)

Direkt an der Strandpromenade von Marmaris,**Atlantis Wasserpark Ist** ein weiterer Familien Liebling, etwas kleiner und kompakter als Aqua Dream, aber mit einer erstklassigen Lage direkt am Strand. Hier können Familien Wasserrutschen, ein Wellenbad, Minigolf und sogar Bowling an einem Ort genießen.

Durch die Lage direkt am Strand können Sie nahtlos zwischen Wasserpark und Meer wechseln und Ihren Kindern so einen abwechslungsreichen Tag bescheren. Der Park verfügt außerdem über einen Kinderbereich mit flachen Becken und sicheren Rutschen und ist daher besonders für jüngere Familien geeignet.

Anreise: Liegt an der Strandpromenade von Marmaris und ist von den meisten Hotels der Stadt aus bequem zu Fuß erreichbar.
Eintrittspreis: Etwa 500–700 TL pro Person.
Beste Reisezeit: Sommer, insbesondere Juli und August, wenn im Park Hochbetrieb herrscht.
Reisetipp: Buchen Sie Ihre Tickets im Voraus online, um Ermäßigungen zu erhalten und Warteschlangen zu vermeiden.

Dalyan-Schlammbäder

Für ein skurriles und unvergessliches Familienabenteuer sind die Dalyan-Schlammbäder kaum zu übertreffen. Kinder und Erwachsene werden es lieben, sich mit dem glatten, grauen Schlamm einreiben, ihn trocknen zu lassen und ihn anschließend im warmen, schwefelhaltigen Thermalwasser abspülen. Dem Schlamm wird eine verjüngende Wirkung auf die Haut nachgesagt, aber die meisten Besucher kommen aus purem Spaß.

Die Bäder sind Teil eines größeren Tagesausflugs, der oft eine Bootsfahrt entlang der Dalyan-Fluss ermöglicht, wo Familien Schildkröten, Schilf und die berühmten Felsengräber **von Kaunos** Klippen gehauen. Es ist sowohl unterhaltsam als auch lehrreich und somit eine ideale Aktivität für junge, junge Reisende.

Anreise: Erreichbar über Bootstouren von Dalyan oder Köyceğiz.
Eintrittspreis: Etwa 20–40 TL.
Beste Reisezeit: Von Frühling bis Herbst.
Reisetipp: Tragen Sie nicht Ihren besten Badeanzug, der Schlamm kann Flecken hinterlassen. Bringen Sie für danach Wechselkleidung mit.

Blaue Lagune von Ölüdeniz

Der vielleicht ikonische Ort in Muğla, der Blauen **Lagune von Ölüdeniz, ist** ein Traum für Familien. Mit ruhigem, seichtem, türkisfarbenem Wasser und einem Sandstrand ist es einer der sichersten und schönsten Orte zum Schwimmen und Spielen für Kinder. Die Lagune ist vor Wellen geschützt und wirkt dadurch fast wie ein natürliches Schwimmbecken, umgeben von Bergen und Pinienwäldern.

Eltern können Sonnenliegen mieten, unter Sonnenschirmen entspannen oder Wassersportarten wie Paddleboarding und Kajakfahren genießen, während die Kinder planschen. Die Lagune ist Teil eines geschützten Nationalparks und daher stets sauber und gepflegt.

Anreise: Etwa 12 km von Fethiye entfernt; leicht mit dem Auto, Dolmuş oder Taxi erreichbar. Parkplätze stehen in der Nähe des Eingangs zur Verfügung.
Eintrittspreis: Geringe Gebühr (ca. 30–50 TL pro Person), da es sich um einen Nationalpark handelt.
Beste Reisezeit: Am frühen Morgen oder am späten Nachmittag, um den Haupt Andrang zu vermeiden.
Reisetipp: Bringen Sie Wasserschuhe für Kinder mit, das Ufer kann stellenweise kieselig sein.

Dalyan-Bootstouren zum Turtle Beach (Iztuzu Beach)

Eines der zauberhaftesten Familienerlebnisse in Muğla ist eine Bootstour **entlang des Dalyan-Flusses**, die zum berühmten Iztuzu-Strand, auch bekannt als Schildkrötenstrand. Die Reise selbst ist unvergesslich, Sie gleiten vorbei an üppigem Schilf, beobachten Wildtiere und blicken hinauf zu den beeindruckenden Felsengräber **von Kaunos. In die** Klippen gehauen. Kinder lieben das Abenteuer Gefühl, wenn das Boot durch den gewundenen Fluss gleitet.

Am Iztuzu-Strand erwartet Familien ein langer, goldener Sandstrand und kristallklares Wasser. Der Strand steht unter Naturschutz, da er ein Nistplatz der gefährdeten Unechten Karettschildkröte (Caretta caretta) ist. Kinder werden fasziniert sein, im kleinen Informationszentrum vor Ort etwas über den Schildkrötenschutz zu erfahren, wo sie Exponate und manchmal sogar den Schutz von Jungtieren sehen können.

Anreise: Nehmen Sie an einer geführten Bootstour vom Stadtzentrum Dalyan aus teil (die Boote fahren tagsüber häufig ab).
Eintrittspreis: Bootstouren kosten je nach Paket normalerweise 300–500 TL pro Person.
Beste Reisezeit: Im Sommer (Mai–September) besteht die Chance, Schildkröten zu beobachten, im Frühling und Herbst ist es jedoch weniger überfüllt.
Reisetipp: Bringen Sie Sonnencreme, Hüte und Snacks mit. Die Touren dauern in der Regel mehrere Stunden und auf den Booten gibt es nur begrenzt Schatten.

Spielzeugmuseum Fethiye

Für eine Dosis Nostalgie und Staunen sorgt das Spielzeugmuseum **Fethiye Ist** ein reizvoller Zwischenstopp, insbesondere für Familien mit jüngeren Kindern. Das Museum befindet sich in einem gemütlichen Raum im Stadtzentrum und zeigt eine faszinierende Sammlung von Spielzeugen aus verschiedenen Epochen und Kulturen, darunter traditionelles türkisches Spielzeug, handgefertigte Puppen und klassische Spielsachen, die bei Erwachsenen Erinnerungen wecken und Kinder verzaubern.

Kinder werden erstaunt sein, wie sich Spielzeug im Laufe der Zeit verändert hat, während Eltern oft gerne Spielzeuge zeigen, mit denen sie als Kinder gespielt haben. Das Museum ist nicht groß, aber sein Charme liegt in seiner intimen, skurrilen Atmosphäre, die es zu einem idealen Kurzbesuch macht, bevor Sie Fethiye weiter erkunden.

Anreise: Liegt im Zentrum von Fethiye und ist von den meisten Hotels aus bequem zu Fuß oder mit dem örtlichen Dolmuş erreichbar.
Eintrittspreis: Etwa 20–40 TL pro Person (Kinder oft frei).
Beste Reisezeit: Das ganze Jahr über, obwohl es morgens tendenziell ruhiger ist.
Reisetipp: kombinieren Sie den Besuch mit einem Spaziergang Altstadt **von Fethiye und** Hafengebiet für einen entspannten Familienausflug.

Strände und Outdoor-Aktivitäten

Strand von Ölüdeniz und Blaue Lagune

Vielleicht das Kronjuwel von Muğla,**Strand von Ölüdeniz und** seine weltberühmte Blaue **Lagune. Nicht** umsonst sind sie oft auf Postkarten abgebildet. Der lange Kiesstrand erstreckt sich mit schillernd türkisfarbenem Wasser, eingerahmt von pinken bewachsenen Bergen. Er ist ein Hotspot für Paragliding: Bunte Fallschirme zieren den Himmel über dem Babadag-Berg und bieten Strand Besuchern einen atemberaubenden Anblick.

Der **Blaue Lagune**, eine ruhige, geschützte Bucht neben dem Hauptstrand, ist ideal zum Schwimmen, insbesondere für

Familien mit kleinen Kindern. Kajakfahren, Paddeln und Schnorcheln sind hier beliebte Aktivitäten, während Sonnenliegen und Strandcafés für diejenigen sorgen, die einfach nur entspannen möchten.

Anreise: Liegt 12 km von Fethiye entfernt und ist mit dem Dolmuş, Taxi oder Mietwagen erreichbar.
Eintrittspreis: Der öffentliche Strand ist kostenlos; für die Blaue Lagune (ein Nationalpark) wird ein Eintrittspreis von etwa 30–50 TL pro Person erhoben.
Beste Reisezeit: Von Mai bis Oktober herrschen die besten Badebedingungen.
Reisetipp: Kommen Sie im Sommer früh, da es gegen Mittag sehr voll wird.

Strand von Icmeler (Marmaris)

Nur 8 km von Marmaris entfernt,**Strand von Icmeler bietet** eine ruhigere, entspannte Alternative zu seinem geschäftigen Nachbarn. Mit seinem goldenen Sand, den sanften Wellen und der malerischen Kulisse der pinien bedeckten Hügel ist es ideal für Familien und Paare gleichermaßen.

Die lange Promenade ist gesäumt von Restaurants, Cafés und Geschäften, sodass man hier problemlos einen ganzen Tag verbringen kann, ohne die Promenade verlassen zu müssen. Wassersportarten wie Jetski, Parasailing und Bananenbootfahren sorgen für zusätzlichen Spaß, und das flache Wasser macht den Strand sicher für Kinder.

Anreise:15 Minuten mit dem Dolmuş oder Taxi vom Zentrum von Marmaris.

Eintrittspreis: Kostenloser öffentlicher Zugang; Sonnenliegen und Sonnenschirme zu vermieten.
Beste Reisezeit: Im Sommer gibt es Wasseraktivitäten, im Frühling und Herbst sind die Menschenmassen geringer.
Reisetipp: Bleiben Sie bis zum Sonnenuntergang, die Aussicht über die Bucht ist atemberaubend.

Kleopatra-Insel (Sedir-Insel)

Eine kurze Bootsfahrt von Marmaris führt zur Kleopatra-Insel, berühmt für seinen unberührten Sand und seine antiken Ruinen. Der Legende nach war die Insel ein Geschenk von Marcus Antonius an Kleopatra, die sich Sand aus Ägypten liefern ließ, um ihr zu gefallen. Heute steht der feine, goldene Sand unter Naturschutz, und Besucher werden gebeten, keinen Sand mitzunehmen.

Neben dem Strand bietet die Insel auch antike Ruinen, darunter Überreste eines römischen Amphitheaters und einer Stadtmauer. Familien können im klaren Wasser schwimmen, die archäologischen Stätten erkunden und die friedliche Insel Atmosphäre genießen.

Anreise: Erreichbar mit Bootstouren von Marmaris, Akyaka oder Camlı.
Eintrittspreis: Etwa 300–500 TL (einschließlich Bootstransfer und Einzeleintritt).
Beste Reisezeit: Frühling und Sommer, wenn das Meer ruhig ist.
Reisetipp: Bringen Sie Wasserschuhe mit, der Strand hat an den Rändern einige felsige Stellen.

Strand von Patara

Er erstreckt sich über 18 Kilometer,**Strand von Patara ist** einer der längsten und unberührtesten Sandstrände der Türkei. Umgeben von Dünen und antiken Ruinen fühlt man sich wie auf einer Postkarte aus vergangenen Jahrhunderten. Der Strand ist außerdem ein wichtiger Nistplatz für Unechte Karettschildkröten, weshalb Naturschutzbestimmungen zu ihrem Schutz gelten.

Aufgrund seiner Größe fühlt er sich selbst in der Hochsaison nie überfüllt an. Besucher können einen Strandtag mit der Erkundung der nahegelegenen antiken **Stadt Patara**, mit seinem restaurierten Theater und dem lykischen Parlamentsgebäude.

Anreise:40 km von Fethiye oder 20 km von Kalkan; am besten mit dem Auto oder dem Dolmuş zu erreichen.
Eintrittspreis: Etwa 50 TL pro Person, einschließlich Strand und antike Stätte.
Beste Reisezeit: Sommer zum Baden, Frühling und Herbst zum gemütlichen Erkunden von Ruinen.
Reisetipp: Bringen Sie Snacks und Getränke mit, die Einrichtungen sind im Vergleich zu anderen Stränden begrenzt.

Ören Beach

In der Nähe von Milas gelegen, "Ören **Beach" ist** ein verstecktes Juwel, das natürliche Schönheit mit charmanter lokaler Atmosphäre verbindet. Der lange Sandstrand ist gesäumt von kleinen Cafés und Restaurants, in denen Sie frisch gefangenen Fisch probieren können. Das ruhige Wasser lädt zum Schwimmen ein, und die entspannte Atmosphäre zieht sowohl Einheimische als auch Reisende an, die Ruhe abseits der belebten Resorts suchen.

Hinter dem Strand finden Sie auch Überreste der Antike**Keramas**und bietet eine einzigartige Mischung aus Sonnenbaden und leichter historischer Erkundung an einem Ort.

Anreise: Etwa 40 km von Milas entfernt; am besten mit dem Auto oder lokalen Bussen zu erreichen.
Eintrittspreis: Freier Zugang.
Beste Reisezeit: Das ganze Jahr über, aber Frühling und Sommer bieten die besten Badebedingungen.
Reisetipp: Abends ist es an diesem Strand ruhiger, was ihn perfekt für ein Bad bei Sonnenuntergang und ein anschließendes Abendessen in einer örtlichen Taverne macht.

Hisarönü-Bucht

Bekannt für sein kristallklares Wasser und die atemberaubende Kulisse aus Pinienwäldern und roten Sandstränden,Hisarönü-Bucht ist einer der ruhigsten Badeorte Muğlas. Das flache, ruhige Wasser eignet sich perfekt zum Schwimmen, Schnorcheln und Paddeln, während die ständige Brise Windsurfer und Segler anzieht.

Familien werden die sicheren Badebedingungen zu schätzen wissen, während Paare die ruhige Atmosphäre und die Panorama-Sonnenuntergänge genießen. In der Bucht gibt es auch kleine Boutique-Hotels und Fischrestaurants, in denen Sie nach einem Tag im Wasser frische Meeresfrüchte genießen können.

Anreise: Etwa 20 km von Marmaris entfernt; mit Dolmuş, Auto oder Taxi erreichbar.
Eintrittspreis: Freier Zugang zum Strand; Liegen und Sonnenschirme können gemietet werden.
Beste Reisezeit: Im Sommer gibt es Wasseraktivitäten, im Frühling und Herbst sind die Menschenmassen geringer.
Reisetipp: Hisarönü ist bei Sonnenuntergang besonders schön. Planen Sie, bis zum Abend zu bleiben, um die beste Aussicht zu genießen.

Kumlubük Strand

Eine kurze Fahrt von Turunç,**Kumlubük Strand ist** ein langer, unberührter Sand- und Kieselstrand, der für seine entspannte Atmosphäre und das klare, türkisfarbene Wasser bekannt ist. Im Gegensatz zu beliebteren Stränden bietet er ein Gefühl der Abgeschiedenheit und ist somit ein idealer Ort, um den Menschenmassen zu entfliehen.

Die Gegend bietet außerdem hervorragende Restaurants am Meer, die auf frischen Fisch und Meze spezialisiert sind und sich daher hervorragend für einen Tagesausflug eignen. Abenteuerlustige können auf Wanderwegen in die umliegenden Hügel wandern und dabei einen atemberaubenden Blick auf die Bucht genießen.

Anreise:25 km von Marmaris entfernt; erreichbar mit dem Auto, Dolmuş oder mit Bootstouren, die hier anhalten.
Eintrittspreis: Kostenloser öffentlicher Zugang.
Beste Reisezeit: Sommer zum Schwimmen und Essen am Meer.
Reisetipp: Packen Sie Ihre Schnorchelausrüstung ein, die Sicht unter Wasser ist hier ausgezeichnet.

Göcek-Inseln zu Segeln

Für Segelbegeisterte ist die**Göcek-Inseln**sind nichts weniger als ein Paradies. Dieser Archipel aus 12 Inseln, die über das türkisfarbene Wasser des Golfs von Fethiye verstreut sind, bietet endlose Möglichkeiten zum Inselhüpfen, Schwimmen in abgelegenen Buchten und Ankern in friedlichen Buchten.

Die Region hat sich zu einem Zentrum des Yacht-Tourismus entwickelt. Die Yachthäfen in Göcek bieten Vermietungen, private Charter und tägliche Bootstouren an. Familien und Freundesgruppen können gemütliche Segeltörns genießen, während erfahrene Segler die Herausforderung genießen, die ruhigen und abwechslungsreichen Gewässer zu befahren.

Beliebte Haltestellen sind Werftinsel(einst eine Werft während der osmanischen Zeit),Yassıca-Inseln Mit ihren flachen Schwimmbereichen und**Herr Bedri Rahmi**, berühmt für Felsmalereien und kiefern gesäumte Küsten.

Anreise:Göcek liegt etwa 25 km vom Flughafen Dalaman entfernt; von dort aus können Bootstouren und Yacht Mieten problemlos arrangiert werden.
Eintrittspreis: Variiert je nach Tour oder Yachtmiete. Tägliche Bootstouren beginnen bei etwa 600–1.000 TL pro Person.
Beste Reisezeit: April bis Oktober, wenn die Segelbedingungen ideal sind.
Reisetipp: Buchen Sie eine private Gulet (traditionelles Holzboot) für ein authentisches und luxuriöses Segelerlebnis.

Gleitschirmfliegen vom Berg Babadağ

Wenn es eine Aktivität gibt, die den Abenteuergeist von Muğla ausmacht, dann ist es Gleitschirmfliegen **vom Berg Babadağ**in Ölüdeniz. Aus einer Höhe von fast 2.000 Metern starten Gleitschirmflieger vom Berggipfel und gleiten über die atemberaubende Blaue Lagune, mit Blick auf die türkisfarbene Küste und die mit Kiefern bewachsenen Täler.

Für Anfänger sind Tandemflüge mit professionellen Piloten ein sicheres und aufregendes Erlebnis. Das Fluggefühl und die atemberaubende Landschaft machen diesen Flug zu einem unvergesslichen Erlebnis in der Türkei. Für Adrenalinjunkies ist er ein absolutes Muss.

Anreise: Babadağ liegt in der Nähe von Ölüdeniz (ca. 15 km von Fethiye entfernt). Shuttle-Transfers sind normalerweise in Paragliding-Paketen enthalten.
Preis: Etwa 2.500–3.500 TL pro Person, einschließlich Ausrüstung und Lehrer.
Beste Reisezeit: April bis Oktober, wenn die Wetterbedingungen am günstigsten sind.
Reisetipp: Buchen Sie Flüge im Voraus, insbesondere im Sommer, und entscheiden Sie sich für Flüge bei Sonnenuntergang, um die spektakulärste Aussicht zu genießen.

Tauchen in Fethiye und Bodrum

Die Küste von Muğla ist ein Traum für Taucher, mit kristallklarem Wasser, lebendigem Meeresleben und faszinierenden Unterwasserwelten. Beide Fethiye und **Keller**

sind erstklassige Ziele für das Sporttauchen und bieten für jeden etwas, vom Anfänger bis zum erfahrenen Taucher.

In **Fethiye Taucher** können Unterwasserhöhlen, Riffe und sogar ein versunkenes Flugzeug in der Nähe der Insel Şövalye erkundet werden. Das ruhige Wasser und die flachen Riffe machen die Insel ideal für Anfänger, während fortgeschrittene Taucher die dramatischen Abhänge und versteckte Grotten genießen werden.

Keller bietet dagegen eine Mischung aus farbenfrohen Riffen, Schiffswracks und dramatischen Felsformationen. Die Karaada (Schwarze Insel) ist besonders berühmt für ihre heißen Quellen und ihr reiches Unterwasser-Ökosystem. Fischschwärme, Kraken und sogar gelegentlich Meeresschildkröten oder Robben können hier gesichtet werden.

Anreise: Tauchzentren gibt es sowohl in Fethiye als auch in Bodrum, Transfers von nahegelegenen Hotels sind inbegriffen.
Preis:Einführung Tauchgänge beginnen bei etwa 1.000–1.500 TL; zertifizierte Taucher zahlen 2.000–3.000 TL für Pakete mit mehreren Tauchgängen.
Beste Reisezeit: Von Mai bis Oktober ist das Meer warm und die Sichtweite kann bis zu 30 Meter betragen.
Reisetipp: Anfänger können einen eintägigen „Discover Scuba"-Kurs ausprobieren, während zertifizierte Taucher nach Nachttauchgängen fragen sollten, um eine völlig andere Erfahrung zu machen.

Nachtleben und Unterhaltung

Bodrum Bar Street

Kein Ort fängt den Geist des Nachtlebens von Muğla so gut ein wie Bodrum **Bar Street**(Cumhuriyet Caddesi). Diese lebhafte Promenade erstreckt sich entlang der Uferpromenade und ist gesäumt von unzähligen Bars, Nachtclubs und Lounges, in denen bis in die frühen Morgenstunden viel los ist. Von gemütlichen Pubs mit Live-Bands bis hin zu glamourösen Clubs mit internationalen DJs bietet Bodrum für jede Stimmung und jeden Geschmack etwas.

Der bekannteste Veranstaltungsort ist Halikarnas **Nachtclub**, einst der größte Open-Air-Club Europas, wo Licht, Musik und Tanz mit atemberaubenden Ausblicken auf die Burg von Bodrum und die Ägäis verschmelzen. Daneben schaffen Cocktailbars auf dem Dach und Lokale am Strand eine Atmosphäre, die Energie und Eleganz in Einklang bringt.

Anreise: Liegt im Zentrum von Bodrum und ist von den meisten Hotels aus bequem zu Fuß erreichbar.
Beste Reisezeit: Juni bis September, wenn internationale Künstler und DJs in der Stadt sind.
Reisetipp: Kleiden Sie sich stilvoll, aber bequem. In vielen Clubs gilt eine Smart-Casual-Kleiderordnung.

Marmaris Bar Street

Genauso berühmt wie Bodrum,**Marmaris Bar Street**(Uzunyali) ist das pulsierende Herz des Nachtlebens von Marmaris. Entlang des Yachthafens gelegen, ist es ein unbeleuchteter Abschnitt voller pulsierender Clubs, Karaoke-Bars und Strandlokale. Ob Sie Cocktails am Meer schlürfen oder bis zum Morgengrauen tanzen möchten, Marmaris bietet Ihnen Stil.

Die Straße hat für jeden etwas zu bieten: Schaumpartys, Lasershows und Clubs, die sowohl internationale als auch türkische Gäste ansprechen. Familien können hier am frühen Abend spazieren gehen, wenn die Stimmung entspannter ist. Nach Mitternacht verwandelt sie sich jedoch in ein Partyzentrum, das bis zum Sonnenaufgang weitergeht.

Anreise: Liegt am Jachthafen von Marmaris, nur wenige Gehminuten vom Stadtzentrum entfernt.
Beste Reisezeit: Juli und August sind die Monate mit dem energiegeladenen Nachtleben.
Reisetipp: Viele Lokale bieten freien Eintritt, aber höhere Getränkepreise. Informieren Sie sich, bevor Sie hingehen.

Nachtleben in Fethiye Passepartout

Für eine traditionelle und vielseitige Atmosphäre besuchen Sie die Altstadt **von Fethiye, Passepartout.** Anders als die Mega Clubs von Bodrum und Marmaris bietet Paspatur eine charmante Mischung aus türkischen Tavernen, Shisha-Lounges, Beachbars und Livemusik-Locations, versteckt in engen, laternen beleuchteten Straßen.

Hier können Sie ein Mezze-Dinner mit Raki genießen, bevor Sie zu einer türkischen Live-Folk-Darbietung aufbrechen oder sich in einer trendigen Cocktailbar mit internationaler Musik niederlassen. Passepartout schafft eine Balance zwischen Kultur und Nachtleben und ist daher bei Einheimischen und Besuchern gleichermaßen beliebt.

Anreise: Liegt im Zentrum von Fethiye, bequem zu Fuß vom Hafen und den wichtigsten Hotels erreichbar.
Beste Reisezeit: Von Mai bis Oktober herrscht die lebhafteste Atmosphäre, einige Veranstaltungsorte sind jedoch das ganze Jahr über geöffnet.
Reisetipp: Verpassen Sie es nicht, in einer der ruhigeren Ecken von Paspatur einen traditionellen türkischen Kaffee oder ein Dessert zu probieren, bevor Sie zum Tanzen aufbrechen.

Strandclubs in Göcek und Gümbet

Für eine stilvolle Mischung aus Sonnenbaden am Tag und Party in der Nacht sind die Strandclubs von Muğla der richtige Ort.

Göcek: Göceks Strandclubs sind für ihr gehobenes Ambiente bekannt und ziehen Segler und Reisende an, die Wert auf Eleganz legen. Die Lounges erstrecken sich über private Terrassen und Sandstrände und bieten Cocktails, Meeresfrüchte und entspannte DJ-Sets. Die Atmosphäre ist kultivierter und exklusiver – ideal für alle, die lieber auf einer Sonnenliege Champagner schlürfen, bevor sie den Sonnenuntergang über die Inseln beobachten.

Gümbet (in der Nähe von Bodrum): Im Gegensatz, **ist Gümbet** lebhaft und energiegeladen und bei jungen Leuten und internationalen Touristen beliebt. In den Strandclubs herrscht fröhliche Musik, bunte Cocktails und unbeschwerte Urlaubsstimmung. Tagsüber bieten die Clubs Wassersport und entspanntes Strandliegen; nachts verwandeln sie sich in ausgelassene Partyzonen.

Reisetipp:Göcek ist perfekt, wenn Sie auf der Suche nach einer schicken, romantischen Atmosphäre sind, während Gümbet eher auf Vergnügungs Suchende ausgerichtet ist, die ein Nachtleben suchen, das bis zum Morgengrauen nicht endet.

Bodrum Marina Yacht Club

Befindet sich innerhalb der Bodrum **Marina dieser** kultige Veranstaltungsort ist viel mehr als nur ein Yachtclub: Er ist ein Hotspot des Nachtlebens, wo Live-Musik, Gourmet-Essen und ein Panoramablick auf das Meer zusammenkommen. Der Club verfügt über mehrere Bars, Terrassen und eine Bühne, auf der regelmäßig türkische und internationale Künstler auftreten.

Die Abende beginnen hier mit einem Abendessen mit Blick auf Luxusyachten, gefolgt von Live-Jazz-, Rock- oder Pop-Auftritten. Das stilvolle und dennoch entspannte Ambiente macht es zu einem beliebten Treffpunkt für Reisende, die Unterhaltung ohne das Chaos der Nachtclub Szene suchen.

Anreise: Liegt im Haupthafen von Bodrum und ist vom Stadtzentrum aus leicht zu erreichen.
Beste Reisezeit: Sommerabende für Open-Air-Konzerte mit Meeresbrise.
Reisetipp: Reservieren Sie vor den Live-Shows einen Tisch zum Abendessen, in der Hochsaison ist es schnell voll.

Open-Air-Konzerte und Sommerfestivals

Im Sommer ist Muğla voller Musik und Festivals, die sowohl Einheimische als auch Besucher anziehen.**Bodrum Amphitheater**, eine restaurierte antike Stätte, finden regelmäßig Open-Air-Konzerte statt, bei denen moderne Darbietungen vor dem Hintergrund der Geschichte inszeniert werden. Ein Live-Konzert hier unter dem Sternenhimmel zu erleben, ist ein magisches Erlebnis.

Zu den Sommerfestivals gehören internationale Musik-, Tanz- und Kunstveranstaltungen, die die Stadt mit Farbe und Energie erleuchten. Auch kleinere Küstenstädte wie Fethiye und Datça veranstalten Volksfeste mit traditioneller Musik, Kunsthandwerk und lokaler Küche.

Von elektronischen Musikfestivals in Bodrum bis hin zu Jazz-Abenden in Fethiye ist in der Hochsaison fast jede Woche etwas los. Diese Veranstaltungen präsentieren nicht nur internationale Künstler, sondern feiern auch die türkische Kultur und sind somit unvergessliche Höhepunkte eines Sommerurlaubs.

Beste Reisezeit: Der Festivalkalender ist von Juni bis September voll.
Reisetipp: Schauen Sie sich im Voraus den Veranstaltungskalender an, manche Konzerte sind schon Wochen vor der Vorstellung ausverkauft.

KAPITEL DREI

Kulinarische Reise durch Muğla

Traditionelle Muğla-Küche

Eine der besten Möglichkeiten, Muğla kennenzulernen, ist das Essen. Die Küche der Region ist eine lebendige Mischung aus ägäischen **und mediterrane Aromen**, wo Olivenöl, frische Kräuter, Gemüse, Meeresfrüchte und lokale Milchprodukte im Mittelpunkt stehen. Beim Essen geht es hier nicht nur ums Essen, sondern darum, eine Lebensweise zu erleben, die Wert auf Frische, Saisonalität und Gemeinschaft legt.

Wenn Sie über die Märkte von Muğla schlendern, werden Sie die Fülle an regionalen Produkten bemerken: Wildgemüse aus den Bergen, sonnengereifte Tomaten, Feigen, Oliven und Zitrusfrüchte, deren Duft die Luft erfüllt. Jedes Gericht erzählt die Geschichte des Landes, des Meeres und der Menschen, die diese Traditionen seit Jahrhunderten pflegen.

Hauptmerkmale der Küche von Muğla

Olivenöl und frische Kräuter: Ähnlich wie in anderen Ägäis Regionen sind die Gerichte in Muğla oft leicht und gesund, werden mit reichlich Olivenöl zubereitet und mit Kräutern wie Thymian, Rosmarin und Minze gewürzt.

Meeresfrüchte-Exzellenz: An der ausgedehnten Küste gibt es reichlich Meeresfrüchte. Gegrillter Fisch, Calamari und Oktopus sind die Grundnahrungsmittel in den Tavernen an der Küste.

Gemüsegerichte: Viele Gerichte enthalten gefülltes Gemüse (Dolma), gedünstetes Gemüse und Hülsenfrüchte, was die Küche sowohl herzhaft als auch nahrhaft macht.

Milch Freuden: Die Region ist berühmt für Muğla **Tulum Käse und** Gerichte auf Joghurtbasis, die sowohl in herzhaften als auch in süßen Zubereitungen vorkommen.

Einfachheit und Saisonalität: Die Gerichte basieren auf frischen Zutaten statt auf starken Gewürzen, wodurch der Geschmack frisch und natürlich bleibt.

Gerichte, die man in Muğla unbedingt probieren muss

Cokertme Kebab: Das wohl berühmteste Gericht der Region. Es besteht aus dünnen, knusprigen Kartoffelstreifen, die mit zartem Rind- oder Lammfleisch, Joghurt und Tomatensoße garniert werden. Es ist reichhaltig und wohltuend zugleich – eine echte Spezialität aus Muğla.

Milas Fleischbällchen: Diese gewürzten Fleischbällchen sind einzigartig im Viertel Milas, werden perfekt gegrillt und oft mit frischem Brot und Salat serviert.

Oktopussalat: Ein erfrischendes Meeresfrüchtegericht, dass zarten Oktopus mit Olivenöl, Zitrone, Petersilie und Zwiebeln kombiniert.

Mugla Palace Mitglied: Ein lokales Dessert aus dünnen Schichten knusprigen Teigs, Nüssen und Sirup, ähnlich wie Baklava, aber leichter.

Malvengrün: Auf dem Land gesammelt und mit Olivenöl, Knoblauch und Zwiebeln gekocht, ein echter Geschmack des ländlichen Muğla.

Tandoori Kebab: Langsam gegartes Lammfleisch, zart und saftig, oft in traditionellen Lehmöfen zubereitet.

Gefüllte Zucchiniblüten: Mit Reis, Kräutern und manchmal Pinienkernen gefüllte Zucchiniblüten, zart und aromatisch.

Esskultur

In Muğla sind Mahlzeiten zum Teilen gedacht. Familien und Freunde versammeln sich um große Tische, an denen Teller mit Meze (kleinen Vorspeisen) herumgereicht werden. Beim Essengehen geht es nicht nur um das Essen, sondern auch um die gute Gesellschaft.

Der **Ortsansässiger**(traditionelle Restaurants) servieren herzhafte hausgemachte Gerichte zu erschwinglichen Preisen, während Küsten Taverne(Tavernen) bieten Meeresfrüchte-Festmahle mit Raki (türkischer Anisschnaps). Selbst in den kleinsten Dörfern werden Besucher mit selbstgebackenem Brot, Oliven und Tee begrüßt.

Süße Leckereien und lokale Getränke

Für Naschkatzen ist Muğla eine echte Attraktion. Neben dem Palast finden Sie Feigendessert(Feigendessert),beißen(frittierter, in Sirup getränkter Teig) und Eiscreme(traditionelles türkisches Eis). Lokale Weine aus Weinbergen in den Hügeln der Ägäis und frische Fruchtsäfte runden das Erlebnis ab.

Streetfood und lokale Köstlichkeiten

Während Muğla für seine Fischtavernen und die ägäische Hausmannskost bekannt ist, ist Streetfood-Kulturist ebenso lebendig und bietet Reisenden eine authentische und erschwingliche Möglichkeit, lokale Aromen zu genießen. Beim Spaziergang durch geschäftige Märkte, Strandpromenaden oder Stadtplätze werden Sie unwiderstehlichen Düften begegnen, die die Essenz des täglichen Lebens in der Region einfangen.

Beliebte Street Food in Muğla

Gözleme: Ein dünnes, hand gerolltes Fladenbrot, gefüllt mit Käse, Spinat, Kartoffeln oder Hackfleisch, das auf einer heißen Grillplatte gebacken wird. Gözleme wird oft auf Märkten und an

Straßenständen verkauft und ist ein wohltuender und sättigender Snack.

Midye Dolma (Gefüllte Muscheln): Ein beliebtes Gericht am Meer, insbesondere in Bodrum und Marmaris. Muscheln werden mit gewürztem Reis, Pinienkernen und Kräutern gefüllt und mit einer Spritzer Zitrone serviert. Sie werden normalerweise von Straßenhändlern in der Nähe des Hafens verkauft.

Lahmacun: Dieses dünne Fladenbrot, das manchmal auch „türkische Pizza" genannt wird, wird mit Hackfleisch, Tomaten, Kräutern und Gewürzen belegt, knusprig gebacken und für einen handlichen Genuss normalerweise mit frischer Petersilie und einem Spritzer Zitrone aufgerollt.

Simit: Ein mit Sesam überbackener Brotring, außen knusprig und innen weich. Er wird an Straßenständen verkauft und ist ein schnelles Frühstück oder ein Snack, der oft zum Tee genossen wird.

Ofenkartoffel: Eine aufgeschnittene Ofenkartoffel, gefüllt mit Butter, Käse, Oliven, Mais, Wurst und anderen Zutaten. Sie ist in Touristenorten beliebt und herzhaft genug für eine komplette Mahlzeit.

Fisch Sandwich:Gegrillter Fisch in frischem Brot mit Zwiebeln, Salat und einem Spritzer Zitronensaft. In Küstenstädten und in der Nähe von Fischerhäfen zu finden, ist dies eine der besten Möglichkeiten, die Meeresfrüchte von Muğla unterwegs zu genießen.

Tantuni: Ein Wrap gefüllt mit fein gehacktem, in Gewürzen sautiertem Rind- oder Hühnerfleisch, oft serviert mit Zwiebeln, Tomaten und Petersilie. Sein reichhaltiger, herzhafter Geschmack macht ihn zu einem beliebten Streetfood.

Lokale Köstlichkeiten, die es nur in Muğla gibt

Muğla Tarhana: Eine lokale Variante der Tarhana-Suppe, die aus fermentiertem Getreide, Joghurt und Kräutern hergestellt wird und ihr einen würzigen und herzhaften Geschmack verleiht. Wird auf Dorf Märkten oft als getrocknete Tarhana zum Mitnehmen verkauft.

Çökertme-Kebab im Snack-Stil: Obwohl es sich traditionell um ein Hauptgericht handelt, wird es in kleineren Portionen manchmal auch als Fast-Food-Version angeboten: knusprige Kartoffelstreifen mit zerkleinertem Fleisch und Joghurt, die in kleinen Lokantasi und zwanglosen Restaurants serviert werden.

Beißen:Süße, frittierte, in Sirup getränkte Teigbällchen, die oft bei Festen oder religiösen Veranstaltungen zubereitet oder einfach von mobilen Händlern auf Stadtplätzen verkauft werden.

Pişi (gebratenes Brot): Diese frittierten Teigstücke sind ein einfaches, aber köstliches lokales Frühstücksgericht und werden pur oder mit Käse, Oliven und Honig gegessen. Straßenhändler bieten sie manchmal in kleinen Papiertüten als Snack an.

Feigendessert: Getrocknete Feigen, gefüllt mit Walnüssen und beträufelt mit Sirup, heben die berühmten Feigen der Region hervor.

Das Street Food-Erlebnis

Street Food in Muğla ist nicht nur eine Frage der Bequemlichkeit, sondern auch Eintauchen **in das lokale Leben**. Hier finden sich Händler, die sich mit Stammgästen unterhalten, Fischer, die den Fang des Tages frisch gegrillt verkaufen, und Familien, die sich auf Wochenmärkten treffen, wo Gözleme auf riesigen Grillplatten zubereitet werden. Für Reisende ist das Probieren dieser lokalen Häppchen eine der schnellsten Möglichkeiten, die Kultur und die Menschen der Region kennenzulernen.

Die besten lokalen Restaurants und Cafés in Muğla

1. Kocadon Restaurant (Bodrum)

Warum besuchen: Ein gehobenes Restaurant in einem historischen Steingebäude, das Meeresfrüchte aus der Ägäis mit elegantem Ambiente verbindet.

Adresse: Saray-Straße Nr. 1, Bodrum, Muğla, Türkiye

Wie man dorthin kommt: Im Herzen der Altstadt von Bodrum gelegen, nur einen kurzen Spaziergang vom Yachthafen von Bodrum entfernt.

Kontakt: +90 252 316 37 05 | kocadon.com.tr

2. Denizhan Steakhouse (Stadt Muğla)

Warum besuchen: Ein lokaler Favorit für gegrilltes Fleisch und traditionelle Muğla-Gerichte, perfekt für ein authentisches, nicht-touristisches Erlebnis.

Adresse: Stadtteil Orhaniye, Mustafa Muglali Straße, Nr. 41, Mugla, Türkei

Wie man dorthin kommt: Im Zentrum von Muğla, 10 Gehminuten vom Atatürk-Stadion Muğla entfernt.

Kontakt: +90 252 212 67 22

3. Mehmedov Fischrestaurant (Bodrum)

Warum besuchen: Berühmt für ultra frische Meeresfrüchte und Mezes, mit Lage am Meer in der Nähe des Yachthafens von Bodrum.

Adresse: Neyzen Tevfik St. Nr. 176, Bodrum, Muğla, Türkiye

Wie man dorthin kommt: Entlang der Uferpromenade von Bodrum Marina, leicht zu Fuß oder mit dem Taxi erreichbar.

Kontakt: +90 252 316 12 14

4. Authentisches Ocakbasi (Marmaris)

Warum besuchen: Traditionelles türkisches Grillhaus, das Kebabs, Mezes und Raki in lebhaftem Ambiente serviert.

Adresse: Tepe-Viertel, Barbaros-Straße Nr. 34, Marmaris, Muğla, Türkiye

Wie man dorthin kommt: Im Stadtzentrum von Marmaris, 5 Gehminuten vom Jachthafen von Marmaris entfernt.

Kontakt: +90 252 412 52 52

5. Yacht Classic Hotel Restaurant (Fethiye)

Warum besuchen: Gehobenes Essen am Meer mit mediterraner und türkischer Küche, ideal für ein Abendessen bei Sonnenuntergang.

Adresse: 1. Karagözler-Viertel, Fevzi-Çakmak-Straße, Nr.: 38, Fethiye, Muğla, Türkiye

Wie man dorthin kommt: Liegt im Bezirk Karagözler, etwa 1 km vom Stadtzentrum von Fethiye entfernt.

Kontakt: +90 252 614 15 30 | yachtclassic.com

6. Ada Restaurant (Göcek)

Warum besuchen: Ein verstecktes Juwel auf einer Insel in der Nähe von Göcek, das nur mit dem Boot erreichbar ist und ein einzigartiges kulinarisches Erlebnis mit frischen Meeresfrüchten bietet.

Adresse: Ada Restaurant, Insel Göcek, Muğla, Türkiye

Wie man dorthin kommt: Mit dem Bootsshuttle von der Göcek Marina aus erreichbar (10–15 Minuten).

Kontakt: +90 532 621 89 65

7. Keyf-i Ala Café & Restaurant (Stadt Muğla)

Warum besuchen: Ein gemütliches Café und Restaurant, das traditionelles türkisches Frühstück, Gebäck und Kaffee serviert.

Adresse: Emir Beyazıt Nachbarschaft 48000, Muğla, Türkiye

Wie man dorthin kommt: Zentrales Muğla, in der Nähe des Campus der Muğla-Universität; kurze Taxifahrt vom Busbahnhof Muğla.

Kontakt: +90 252 214 50 42

8. Kordon Restaurant (Datça)

Warum besuchen: Bekannt für Datças Mandeldesserts und frische Meeresfrüchte, mit Tischen direkt am Wasser.

Adresse: Stadtteil İskele, Kumluk-Straße Nr. 36, Datça, Muğla, Türkiye

Wie man dorthin kommt: Im Stadtzentrum von Datça, 15 Gehminuten vom Hafen von Datça entfernt.

Kontakt: +90 252 712 33 39

9. Mandalin Chillout Café (Akyaka)

Warum besuchen: Entspanntes Café am Flussufer, berühmt für frische Säfte, Gözleme und entspannende Ausblicke auf den Fluss Azmak.

Adresse: Viertel Akyaka, Flussufer Azmak, Ula, Muğla, Türkiye

Wie man dorthin kommt: Etwa 30 km von der Stadt Muğla entfernt, mit dem Kleinbus oder Auto erreichbar. Liegt am Fluss Azmak in Akyaka.

Kontakt: +90 252 243 41 72

10. Sakartepe Restaurant (Yatağan)

Warum besuchen: Familiengeführtes Restaurant auf einem Hügel mit Panoramablick und traditioneller Hausmannskost.

Adresse: Sakartepe-Gebiet, Yatağan, Muğla, Türkiye

Wie man dorthin kommt: Etwa 30 km nördlich der Stadt Muğla, erreichbar über die Autobahn D550.

Kontakt: +90 252 572 11 90

Weinkultur und Weinberge in Muğla

Wenn die meisten Reisenden an Muğla denken, stellen sie sich türkisfarbene Buchten, weiße Sandstrände und antike Ruinen vor. Doch hinter den Küsten und Bergtälern verbirgt sich eine andere Geschichte: eine reiche Weinkultur Die Weinbautradition reicht Jahrtausende zurück. Die fruchtbaren Böden der Ägäis mit ihren milden Wintern und sonnendurchfluteten Zimmern beherbergen seit der Antike Weinberge. Von den Tagen von Knidos und Telmessos, wo Weinamphoren über das Mittelmeer verschifft wurden, bis zu den Boutique-Weingütern von heute, ist Muğlas Weinbautradition ein stiller, aber geschätzter Teil seiner Identität geblieben.

Die Essenz der Weine von Muğla

Die Region Mediterranes **Klima und** kalkreiche Böden machen es ideal für den Weinanbau. Lokale Weine zeichnen sich durch ihre frische **Säure, blumige Aromen und mineralische Untertöne**, was die Küstenbrise und das Berggelände widerspiegelt. Hier gedeihen sowohl einheimische als auch internationale Rebsorten:

Lokale Trauben: Çalkarası, Kalecik Karası (Rot); Narince, Emir (Weiße).

Internationale Sorten: Syrah, Cabernet Sauvignon, Merlot, Chardonnay, Sauvignon Blanc.

Weine aus Muğla passen oft wunderbar zur Küche der Region: Meeresfrüchte mit spritzigen Weißweinen, gegrilltes Fleisch mit kräftigen Rotweinen und Meze-Platten mit Rosé.

Besuchenswerte Weinberge und Weingüter

Karaova-Weinberg Route (Halbinsel Bodrum)
Hier schlägt das Herz der Weinkultur von Muğla. Kleine Familien Weingüter bauen sowohl einheimische als auch internationale Rebsorten an. Die Region Karaova erfreut sich zunehmender Beliebtheit für ihren umweltfreundlichen Weinbau und ihre kleinen Weingüter, die limitierte Mengen handwerklich hergestellter Weine produzieren.

Unbedingt probieren: Bodrums Rosé und spritzige Weißweine.

Vin Bodrum (Bodrum)
Ein Boutique-Weingut und Weinberg, wo Besucher an Führungen teilnehmen, lokale Mischungen probieren und etwas über die Geschichte der Weinherstellung in Bodrum erfahren können.

Standort: Etwas außerhalb der Stadt Bodrum.

Erfahrung: Weinproben mit ägyptischem Käse und Olivenöl.

Marmaris umliegende Weinberge
Obwohl weniger bekannt als Bodrum, entwickeln kleine Winzer in der Nähe von Marmaris und Içmeler Weingüter, die sich auf Rotwein Mischungen konzentrieren. Ein Besuch dieser Winzer bedeutet oft persönliche Erfahrungen mit den Winzern.

Weinberge der Halbinsel Datça
Datça ist eher für Mandeln und Oliven bekannt, entwickelt aber auch neue Wohnprojekte. Das Mikroklima der Region, das durch starke Meeresbrisen gekühlt wird, bringt Weißweine mit einem frischen Abgang hervor.

Region Fethiye
Die Ausläufer um Fethiye und das Hochland in Richtung der Saklıkent-Schlucht bieten hervorragende Bedingungen für den Weinanbau. Einige kleine Weingüter experimentieren hier mit Syrah und Merlot und produzieren kräftige Rotweine.

Weinerlebnisse in Muğla

Weintouren und Weinproben: Organisierte Routen (wie die Karaova Vineyard Route) bieten umfassende Erlebnisse, bei denen Sie an einem Tag mehrere Weingüter besuchen können.

Wein- und Speise Kombinationen: Viele Weingüter bieten Degustationsmenüs an, bei denen Weine mit Meeresfrüchten, Mezes und Käse aus der Region kombiniert werden.

Festivals: Das **Karaova-Weinlesefest In** Bodrum wird der Weinbau mit Weinproben, Musik und Ständen mit lokalem Essen gefeiert, die normalerweise im Spätsommer stattfinden.

Warum Sie Wein in Ihre Muğla-Reise einbeziehen sollten

Die Erkundung der Weinkultur von Muğla fügt einen anderen **Geschmack für Ihre Reisen**, im wahrsten Sinne des Wortes. Während die Strände und Ruinen die Schönheit und Geschichte der Region zeigen, verbindet Sie ein Glas Wein aus der Region mit Land, Klima und Traditionen. Wenn Sie unter einer Pergola in einem Bodrumer Weinberg sitzen und bei Sonnenuntergang an einem Rosé nippen, werden Sie feststellen, dass der Charme von Muğla nicht nur darin liegt, was Sie sehen, sondern auch, was Sie schmecken.

Food-Festivals und lokale Märkte in Muğla

Ein Fest des Essens und der Gemeinschaft

Muğlas reiches landwirtschaftliches Erbe, Feigen, Oliven, Trauben, Honig, Mandeln und frische Produkte, er strahlt am hellsten in seiner Food-Festivals **und lokale Märkte Bei** diesen Zusammenkünften geht es nicht nur ums Essen; es geht um Feiern **Sie das Land, die Jahreszeiten und den Gemeinschaftsgeist Ob** sie über Wochenmärkte voller frischer Kräuter schlendern oder einem lebhaften Erntedankfest beiwohnen, Besucher werden feststellen, dass Essen im Mittelpunkt des täglichen Lebens in Muğla steht.

Bemerkenswerte Food-Festivals

Bodrum Karaova Weinlesefest

Wann: Spätsommer (August–September)

Wo: Karaova-Tal, Bodrum

Highlights: Weinbergführungen, Weinlese, Weinproben, Kochvorführungen und lokale Musik. Dieses Festival bringt den Besuchern die Weinkultur der Region näher.

Mandelfest in Datça

Wann: Februar

Wo: Stadt Datca

Highlights: Feiert die Mandelernte mit Mandelgebäck, lokalem Kunsthandwerk, Musik und Volkstänzen. Datça ist berühmt für seine Mandeln, was dieses Fest einzigartig in Muğla macht.

Muğla Honigfest

Wann: Normalerweise im Sommer

Wo: Verschiedene Städte, oft die Stadt Muğla oder nahegelegene Dörfer

Highlights: Muğla ist eine der führenden Honig Anbauregionen der Türkei, insbesondere für Kiefernhonig. Das Festival bietet Honig, Verkostungen, Imkerei, Traditionen und Essensstände.

Internationales Kultur- und Food-Festival in Fethiye

Wann: Frühling (normalerweise Mai)

Wo: Fethiye

Highlights: Eine multikulturelle Veranstaltung mit lokalen Essensständen, internationaler Küche, Musik und Aufführungen. Sie spiegelt die kosmopolitische Atmosphäre von Fethiye wider.

Olivenernte Feste (Milas und Umgebung)

Wann: Herbst (Oktober–November)

Wo: Milas und umliegende Dörfer

Highlights: Olivenöl Verkostungen, Workshops zu traditionellen Prüfmethoden und Dorfmärkte mit Lebensmitteln auf Olivenölbasis.

Lokale Märkte, die einen Besuch wert sind

Milas-Markt (Milas-Basar)

Wann: Dienstags

Warum besuchen: Einer der größten Märkte in Muğla, der alles von frischen Produkten bis hin zu Textilien, lokalem Honig, Käse und handgefertigten Waren anbietet.

Fethiye-Market

Wann: Dienstags

Warum besuchen: Bekannt für seine große Auswahl an Obst, Gemüse, Oliven und Gewürzen. Es gibt auch Stände mit Kleidung und Souvenirs, was es bei Einheimischen und Touristen gleichermaßen beliebt macht.

Bodrum-Markt

Wann: Freitags (Textilien) und Samstags (Produkte)

Warum besuchen: Berühmt für saisonales Obst und Gemüse sowie regionale Spezialitäten wie getrocknete Kräuter, Oliven und Käse.

Marmaris-Markt

Wann: Donnerstags

Warum besuchen: Ein lebhafter Markt mit Meeresfrüchten, frischen Produkten, türkischem Honig und lokal produziertem Olivenöl.

Datca-Markt

Wann: Samstags

Warum besuchen: Bekannt für Bio-Produkte, Mandeln und Feigen. Der Markt spiegelt Datças gemächlichen, umweltfreundlichen Lebensstil wider.

Stadtmarkt von Mugla

Wann: Donnerstags

Warum besuchen: Ein eher traditionelles türkisches Markterlebnis mit regionalen Käsesorten, Kiefernhonig, Tarhana-Suppenmischung und frischen Kräutern.

Was diese Festivals und Märkte besonders macht

Der Besuch eines Food-Festivals oder Marktes in Muğla ist mehr als nur Einkaufen, es ist ein immersives **kulturelles Erlebnis Sie** können frisch gebackene Gözleme von einer Dorffrau probieren, lokalen Kiefernhonig direkt aus der Wabe verkosten oder Wein trinken und dabei etwas über den jahrhundertealten Weinanbau lernen. Für abenteuerlustige Reisende bieten diese Veranstaltungen und Märkte unvergessliche Schnappschüsse aus dem täglichen Leben.

KAPITEL VIER

Praktische Reiseinformationen

Unterkunftsmöglichkeiten in Muğla

Budgetfreundlich

1. Kaya Pansiyon (Bodrum)

- **Warum bleiben**: Erschwinglich, freundlich und im Herzen von Bodrum gelegen mit einfachem Zugang zu Stränden und Nachtleben.
- **Adresse**: Carsi-Viertel, Atatürk-Straße, Nr. 50, Bodrum, Muğla, Türkiye
- **Wie man dorthin kommt**: 5 Gehminuten von der Burg und dem Yachthafen von Bodrum entfernt.
- **Kontakt**: +90 252 316 22 49

2. Hotel Dost (Marmaris)

- **Warum bleiben**: Sauber, gemütlich und preisgünstig mit Pool. Ideal für Familien und Paare.
- **Adresse**: Kemal Seyfettin Elgin Boulevard No. 13, Marmaris, Muğla, Türkiye
- **Wie man dorthin kommt**: Zentral gelegen, 5 Minuten vom Strand von Marmaris entfernt.
- **Kontakt**: +90 252 412 82 20

3. Sakura Hostel & Pension (Fethiye)

- **Warum bleiben**: Beliebt bei Rucksacktouristen, mit Schlafsälen und Privatzimmern sowie einfachem Zugang zu den Sehenswürdigkeiten von Fethiye.
- **Adresse**: Cumhuriyet Nachbarschaft, 97. Straße, Nr. 17, Fethiye, Muğla, Türkiye
- **Wie man dorthin kommt**: 10 Gehminuten vom Yachthafen Fethiye entfernt.
- **Kontakt**: +90 252 612 31 81

Mittelklasse

1. Hotel Verde (Marmaris)

- **Warum bleiben**: Komfortable Zimmer mit modernen Annehmlichkeiten, Pool und in der Nähe von Einkaufsmöglichkeiten/Restaurants.
- **Adresse**: Siteler Nachbarschaft 248 Straße Nr. 4, Marmaris, Muğla, Türkiye
- **Wie man dorthin kommt**: Ein kurzer Spaziergang vom Marmaris Beach, leicht mit dem Taxi oder Dolmuş erreichbar.
- **Kontakt**: +90 252 417 79 70

2. Yacht Boutique Hotel (Fethiye)

- **Warum bleiben**: Stilvolles Boutique-Hotel mit Meerblick, Dachrestaurant und in der Nähe des Yachthafens.
- **Adresse**: 1. Karagözler-Viertel, Fevzi-Çakmak-Straße, Nr. 29, Fethiye, Muğla, Türkiye

- **Wie man dorthin kommt**: Etwa 1 km vom Stadtzentrum von Fethiye entfernt, in der Nähe des Hafens.
- **Kontakt**: +90 252 612 50 60

3. Hotel Gulec (Bodrum)

- **Warum bleiben**: Ein familiengeführtes Hotel mit einem bezaubernden Garten, das Erschwinglichkeit mit Komfort verbindet.
- **Adresse**: Uckuyular St. Nr. 18, Bodrum, Muğla, Türkiye
- **Wie man dorthin kommt**: 5 Gehminuten vom Strand und der Burg von Bodrum entfernt.
- **Kontakt**: +90 252 316 31 54

Luxus

1. Kempinski Hotel Barbaros Bay (Bodrum)

- **Warum bleiben**: Ultra-Luxus-Resort mit privater Bucht, Spa, Gourmet Restaurants und atemberaubendem Meerblick.
- **Adresse**: Kızılburun-Gebiet, Gerenkuyu, Bodrum, Muğla, Türkiye
- **Wie man dorthin kommt**: 20-minütige Fahrt von der Stadt Bodrum, erreichbar mit dem Taxi oder privatem Transfer.
- **Kontakt**: +90 252 311 03 03 | kempinski.com

2. D-Resort Göcek (Göcek)

- **Warum bleiben**: Exklusives Resort mit Privatstrand, Spa, Zugang zum Yachthafen, einer Luxusyacht und gehobener Küche.
- **Adresse**: Cumhuriyet-Viertel, Göcek, Muğla, Türkiye
- **Wie man dorthin kommt**: 25 Autominuten vom Flughafen Dalaman.
- **Kontakt**: +90 252 811 30 00 | dresortgocek.com

3. Hilton Dalaman Sarigerme Resort & Spa

- **Warum bleiben**: All-inclusive-Luxus mit mehreren Pools, Privatstrand, Wellness Center und Weltklasse-Restaurants.
- **Adresse**: Tourismuszentrum Sarigerme, Postfach 11, Ortaca, Muğla, Türkei
- **Wie man dorthin kommt**: 15 Autominuten vom Flughafen Dalaman.
- **Kontakt**: +90 252 444 12 10 | hilton.com

Empfohlene Hotels in Muğla

Budget Freundliche und mittelpreisige Juwelen

Caretta Caretta Hotel – Dalyan

- **Warum wählen?**Ein komfortables 3-Sterne-Hotel am Flussufer, umgeben von Gärten, ideal für einen einfachen Zugang zu den Sehenswürdigkeiten und der Natur von Dalyan.

- **Adresse:**Caretta-Straße Nr. 19, Maras-Viertel, Dalyan, Ortaca, Muğla, Türkiye
- **Anreise:**Im Zentrum von Dalyan, nur einen kurzen Spaziergang vom Fluss und den Bootsanlegern entfernt.
- **Kontakt:**Verfügbar über Hotel Verzeichniseinträge

Hotel Gokova – Akyaka

- **Warum wählen?**Gut bewertetes Boutique-Hotel im ruhigen Akyaka, gelobt für sein Ambiente und seine Lage.
- **Adresse:**Akyaka, Ula, Muğla, Türkiye
- **Anreise:**Direkt außerhalb des Stadtzentrums von Akyaka am Fluss Azmak.
- **Kontakt:**Auf der Trivago-Site gelistet

Ramada by Wyndham Fethiye – Region Ölüdeniz

- **Warum wählen?**Stilvolles Anwesen mit spektakulärem Meerblick, Infinity-Pool und Shuttle-Zugang zum Sugar Beach.
- **Adresse:**Fethiye, Muğla, Türkiye
- **Anreise:**In der Nähe von Ölüdeniz; Shuttle-Service zur Verfügung gestellt.
- **Kontakt:**Hervorgehoben durch Tripadvisor-Einträge

Beliebte Mittelklasse-Picks

Hotel Bleu Nuit Bodrum

- **Warum wählen?**Zentral gelegen, um den Jachthafen, die Burg und das Nachtleben von Bodrum zu erkunden.
- **Adresse:**Bodrum-Zentrum, Muğla, Türkiye

- **Anreise:**Nur wenige Gehminuten vom Yachthafen von Bodrum entfernt.
- **Kontakt:**Auf hotels.com als Top-Mittelklasse-Option vorgestellt

Mandarin Resort & Spa – Bodrum

- **Warum wählen?**Familienfreundliches Resort mit Spa, Innenpool, Kinderclub und Spielplatz.
- **Adresse:**Stadtteil Umurca, Dr. Mumtaz Ataman Straße 27, Bodrum, Muğla, Türkiye
- **Anreise:**Etwas außerhalb der zentralen Zone; mit dem Taxi oder dem Hotelshuttle erreichbar.
- **Kontakt:**Auf den wichtigsten Hotelplattformen gelistet

Luxus & All-Inclusive-Hingucker

Caresse – A Luxury Collection Resort & Spa (Bodrum)

- **Warum wählen?**Elegantes Boutique-Resort mit Privatstrand und gehobener Küche.
- **Standort:**Halbinsel Bodrum, Muğla.
- **Kontakt & Lob:**Von Tripadvisor häufig als Top-Luxus Unterkunft in Muğla ausgezeichnet

Mandarin Oriental Bodrum

- **Warum wählen?**Ein erstklassiges Resort, das für herausragenden Luxus, Küche und Boutiquen bekannt ist.
- **Standort:**Küste von Bodrum, Muğla.
- **Kontakt & Highlights:**Von der Vogue wegen seines luxuriösen Charmes empfohlen

Macakizi – Turkbook

- **Warum wählen?**Kultiger Rückzugsort im Boho-Chic-Stil, beliebt bei Prominenten, mit Michelin-Sternen ausgezeichneten Restaurants und einem Strandclub.
- **Standort:**Turkbuku-Bucht, Bodrum.
- **Kontakt & Prestige:**Wegen seiner Exklusivität in Vanity Fair und Times erwähnt

Versteckter Luxus und Rückzugsorte

Jazz Collective (Gebiet Fethiye)

- **Warum wählen?**Ein abgeschiedenes Boutique-Hotel in einer privaten Bucht, luxuriös und ruhig.
- **Standort:**Mit dem Schnellboot von der Küste Fethiyes aus erreichbar.
- **Kontakt & Funktionen:**Von der Times für seine Privatsphäre und seinen Luxus hervorgehoben

Göcek D-Resort Göcek

- **Warum wählen?**Hochwertiges Resort inmitten von Olivenhainen mit Spa, Zugang zum Yachthafen und Restaurants.
- **Standort:**Göcek, Muğla.
- **Kontakt & Atmosphäre:** Lob in der Reiseberichterstattung des Guardian

Transport in Muğla

Muğla, das sich über eine riesige Küstenregion erstreckt, bietet Reisenden eine Mischung aus günstiger **Nahverkehr** Und **komfortable Fernverbindungen Von** lebhaften Ferienorten wie Bodrum und Marmaris bis hin zu ruhigen Dörfern und abgeschiedenen Buchten gibt es immer eine Möglichkeit, herumkommen.

1. Busse

Überlandbusse:

Zuverlässige und preiswerte Überlandbusse verbinden Muğla mit großen türkischen Städten wie Istanbul, Ankara und Izmir.

Unternehmen wie Tourismus **Pamukkale**,**Kamil Koç**, und **Metro-Tourismus bieten** regelmäßige, moderne Verbindungen mit WLAN, Erfrischungen und Sitzplatzreservierungen.

Innerhalb der Provinz Muğla:

Städte wie Bodrum, Marmaris, Fethiye und Datça sind durch Regionalbusse verbunden, die von zentralen Busbahnhöfen abfahren (**Busbahnhof**).

Die Preise sind budgetfreundlich und Tickets können online gebucht oder an Bahnhöfen gekauft werden.

Reisetipp: Kaufen Sie Ihre Tickets frühzeitig im Sommer (Juni–September), wenn die Küstenrouten am gefragtesten sind.

2. Dolmuş (Sammel-Minibusse)

Der **beliebteste Weg,** sich vor Ort fortzubewegen.

Dolmuş-Linien verkehren häufig und verbinden Stadtzentren, **Strände und umliegende Dörfer**.

Sie funktionieren wie Sammeltaxis: Man steigt ein, zahlt einen kleinen Fahrpreis (normalerweise in bar) und steigt an beliebiger Stelle entlang der Strecke wieder aus.

Besonders nützlich für Kurztrips rund um Bodrum, Marmaris und Fethiye.

Beispielrouten:

- Bodrum → Gümbet → Strand von Bitez
- Marmaris → İçmeler → Turunç
- Fethiye → Ölüdeniz → Hisarönü

Reisetipp: Achten Sie auf das Zielschild in der Windschutzscheibe. Die Fahrpreise liegen je nach Entfernung zwischen 1 und 3 €.

3. Taxis

- Verfügbar in allen Städten, in Hotels und in der Nähe von Nachtlokalen.
- Die Tarife sind gemessen, obwohl Fahrer in kleineren Städten möglicherweise Festpreise vorschlagen, vereinbaren Sie diese vor der Abfahrt.
- Taxistände befinden sich in der Regel an Bushaltestellen, **Yachthäfen und an beliebten Stränden.**

Ungefähre Kosten:

Kurze Fahrten innerhalb der Stadt: 3–6 €

Längere Fahrten (zB. Bodrum zum Flughafen Bodrum, ~36 km): 25–35 €

Reisetipp:Für Gruppen oder Familien können Taxis praktischer sein als mehrere Dolmuş-Fahrten.

4. Fähren & Boote

Muğlas lange Küste macht Fähren- **und Bootsfahrten Sowohl** landschaftlich als auch praktisch.

Inlandsfähren: Verbinden Sie Bodrum, Marmaris und Datça mit nahegelegenen Küstenstädten und Stränden.

Internationale Fähren:

Bodrum ↔ Kos (Griechenland)

Marmaris ↔ Rhodos (Griechenland)

Fethiye ↔ Rhodos (saisonal)

Private Gulets (traditionelle Holzyachten): Beliebt für die Blaue **Kreuzfahrt Rund** um den Golf von Gökova und die Halbinsel Datça.

Reisetipp: Im Sommer gelten häufige Fahrpläne, außerhalb der Saison können die Überfahrten jedoch aufgrund der Witterung eingeschränkt oder ganz gestrichen sein.

5. Inlandsflüge

Mugla hat zwei **Flughäfen Die** das Erreichen verschiedener Regionen einfach machen:

Flughafen Milas–Bodrum (BJV): Bedient Bodrum, Gumbet, Yalikavak und Didim.

Inlandsflughafen (DLM): Am besten für Marmaris, Fethiye, Dalyan und Göcek.

Fluggesellschaften wie Turkish **Airlines, Pegasus und SunExpress bieten** regelmäßige Flüge von/nach Istanbul, Ankara und Izmir sowie Sommer-Charterflüge aus Europa an.

An beiden Flughäfen gibt es Shuttles, Taxis und Mietwagenschalter.

Reisetipp:Für Kurzaufenthalte sind Inlandsflüge die schnellste Möglichkeit, Entfernungen zwischen Muğla und anderen Regionen der Türkei zurückzulegen.

Fluggesellschaften, die Muğla bedienen

Muğla ist eine der am besten erreichbaren Urlaubsregionen der Türkei dank seiner zwei **internationalen Flughäfen**:**Milas–Bodrum (BJV)**auf der Nordseite und Intern **(DLM)**auf der Südseite. Zusammen verbinden sie Muğla mit großen **türkischen Städten und** Dutzende von europäischen **Reisezielen,** sodass Reisende das ganze Jahr über problemlos günstige Flüge finden können.

Flughafen Milas–Bodrum (BJV)

Standort:36 km von Bodrum-Stadt, 75 km von Didim, 110 km von Marmaris.

Geeignet für: Besucher auf dem Weg nach Bodrum, **Gumbet, Yalıkavak, Didim und die Ferienorte im Norden von Muğla**.

Bedienende Fluggesellschaften (Stand 2025):

Türkische Fluggesellschaften– Flüge von/nach Istanbul (IST & SAW), Ankara, İzmir, Antalya.

Pegasus Airlines– Inlandsverbindungen sowie saisonale Verbindungen aus Europa.

SunExpress– Direktverbindungen zu deutschen und europäischen Städten.

AnadoluJet– Budget Freundliche Inlandsflüge.

TUI Airways, Jet2, EasyJet, Ryanair– Charter- und saisonale Sommerflüge aus Großbritannien.

Lufthansa, Eurowings, Condor– Regelmäßige Sommer Verbindungen in Deutschland.

Aegean Airlines– Saisonale Flüge zwischen Bodrum und Griechenland.

Flughafendienste: Shuttlebusse nach Bodrum und Marmaris, Taxis, private Transfers und Mietwagen.

Inlandsflughafen (DLM)

Standort:6 km von der Stadt Dalaman, 90 km von Marmaris, 50 km von Fethiye, 20 km von Dalyan.

Geeignet für: Besucher auf dem Weg nach Fethiye, **Marmaris, Dalyan, Göcek und die Ferienorte im Süden von Muğla**.

Bedienende Fluggesellschaften (Stand 2025):

Türkische Fluggesellschaften– Mehrere tägliche Flüge von Istanbul und Ankara.

Pegasus Airlines– Umfangreiche nationale und internationale Strecken.

SunExpress– Starke Verbindungen zu Deutschland, den Niederlanden und Österreich.

AnadoluJet– Günstige Inlandsflüge.

British Airways, Jet2, EasyJet, TUI Airways, Ryanair– Direktflüge von britischen Flughäfen.

Lufthansa, Eurowings, Condor– Deutsche Drehkreuze nach Dalaman in der Hochsaison.

Corendon Airlines– Routen in den Niederlanden, Belgien und Deutschland.

Air Serbia, Wizz Air– Saisonale Links aus Osteuropa.

Flughafendienste: Havaş-Shuttlebusse nach Marmaris und Fethiye, Taxis, VIP-Transfers und gut ausgestattete Autovermietung-Schalter.

Welchen Flughafen sollten Sie wählen?

Flug zum Flughafen Milas–Bodrum (BJV): Am besten, wenn Sie in Bodrum, Didim, Yalıkavak, Gümbet oder an der nördlichen Ägäis Küste übernachten.

Flug zum Flughafen Dalaman (DLM): Am besten, wenn Ihr Reiseziel Marmaris, Fethiye, Dalyan, Göcek, Sarigerme oder Ferienorte an der südlichen Ägäisküste ist.

Mietwagen und Fahrtipps in Muğla

Warum mietet man ein Auto in Muğla ?

Öffentliche Verkehrsmittel (Dolmuş, Busse, Fähren) sind bequem für Städte und nahegelegene Strände, aber wenn Sie erkunden möchten abgelegene **Ruinen, Bergdörfer, versteckte Buchten oder machen Sie flexible Tagesausflüge**, ein Mietwagen bietet Ihnen Freiheit und Komfort.

Große Autovermietungen in Muğla

Am Flughafen Milas–Bodrum (BJV)

- **Beachten**– Terminalgebäude, Ankunftshalle | +90 252 523 02 45
- **Budget**– Ankunft am Flughafen | +90 252 523 02 43
- **Enterprise Autovermietung**– Ankunft am Flughafen Bodrum | +90 252 523 00 33
- **Europcar**– Im Terminal | +90 252 523 02 42
- **Sixt Autovermietung**– Ankunftsbereich | +90 252 523 02 41
- **Circular Autovermietung**– Parkplatz Flughafen Bodrum | +90 252 523 02 46

Am Flughafen Dalaman (DLM)

- **Beachten**– Internationale Ankunftshalle | +90 252 792 55 98
- **Budget**– Terminal Ankünfte | +90 252 792 55 99
- **Enterprise Autovermietung**– Ankünfte im Inland | +90 252 792 55 90

- **Europcar**– Flughafenterminal | +90 252 792 55 92
- **Sixt Autovermietung**– Internationale Ankünfte | +90 252 792 55 93
- **Circular Autovermietung**– Parkplatz am Flughafen Dalaman | +90 252 792 55 95

In größeren Städten (Bodrum, Marmaris, Fethiye, Stadt Muğla)

- **Keller:**Autovermietung in Bodrum, Avis-Büro in Bodrum (Çarşı Mah.), Europcar Bodrum Downtown.
- **Marmaris:**Goldcar Marmaris, Europcar Marmaris (Siteler Mah.), lokale Agenturen in der Nähe der Marina.
- **Fethiye:**Oscar Rent a Car (Kesikkapı Mah.), Europcar Fethiye, Fethiye Rent a Car.
- **Stadtzentrum von Mugla:**Enterprise Muğla-Büro, Europcar Muğla, lokale unabhängige Autovermietungen.

Fahrtipps in Muğla

1. Führerschein Anforderungen

- Ausländer benötigen einen gültigen **Führerschein**(ein internationaler Führerschein wird empfohlen, wenn Ihr Führerschein nicht in lateinischer Schrift ausgestellt ist).
- Mindestalter:**21 Jahre**(manchmal 25 für Luxusautos).

2. Straßen und Navigation

- Küstenstraßen sind landschaftlich reizvoll, aber kurvenreich. Fahren Sie in Kurven vorsichtig.

- Die Autobahnen zwischen Bodrum, Marmaris und Fethiye sind in gutem Zustand.
- Verwende **Google Maps oder Offline-Karten für** Dörfer und versteckte Buchten, wo die Beschilderung begrenzt sein kann.

3. Kraftstoff & Parken

- An den Hauptstraßen gibt es viele Tankstellen. Die meisten akzeptieren Kartenzahlung.
- In Ortszentren gibt es häufig gebührenpflichtige Parkplätze. In Dörfern und an Stränden stehen in der Regel kostenlose Parkplätze am Straßenrand zur Verfügung.

4. Verkehrsregeln

- Fahren Sie auf der rechten **Seite**.
- Für alle Passagiere besteht Anschnallpflicht.
- Geschwindigkeitsbegrenzungen:
- **50 km/h**in Städten
- **90 km/h auf** Landstraßen
- **120 km/h auf** Autobahnen
- Polizeikontrollen sind häufig, tragen Sie immer Ihren Führerschein, **mit Papiere und Passkopie**.

5. Sicherheit und Etikette

- Die Einheimischen fahren möglicherweise aggressiv. Bleiben Sie ruhig und halten Sie sich an die Geschwindigkeitsbegrenzungen.

- Achten Sie auf Landstraßen auf Motorroller und Traktoren.
- Vermeiden Sie es, spät in der Nacht in abgelegenen Bergregionen zu fahren, da die Beleuchtung schlecht ist.

6. Kosten & Versicherung

- Tagesmiete: 25–60 € je nach Fahrzeugtyp und Saison.
- Versicherung: Immer die vollständige **Abdeckung wählen, um unerwartete** Kosten zu vermeiden.

Die besten Routen für Panoramafahrten in Muğla

- **Bodrum → Gökova-Bucht → Marmaris**(Küstenfahrt mit atemberaubendem Meerblick)
- **Fethiye → Ölüdeniz → Faralya → Kabak-Tal**(Berg- und Meerespanoramen)
- **Marmaris → Datça-Halbinsel**(Kurvenreiche Küstenstraße durch unberührte Natur)
- **Dalyan → Köyceğiz-See → Yuvarlakçay**(Flüsse, Seen und versteckte Wasserfälle)

Banken, Geldautomaten und Geldangelegenheiten in Muğla

Die Verwaltung Ihres Geldes während Ihrer Reise nach Muğla ist unkompliziert, da die Region gut auf den internationalen Tourismus vorbereitet ist. Von modernen Geldautomaten bis hin zu Wechselstuben finden Besucher zahlreiche Möglichkeiten, ihre Finanzen zu verwalten. Dennoch wissen Sie, wohin **Sie gehen sollten, welche Gebühren zu erwarten sind und wie Sie häufige Fallstricke vermeiden können, kann** Ihre Reise angenehmer machen.

Währung in Muğla

Die offizielle Währung ist die Türkische **Lira (TRY)**.

Banknoten: 5, 10, 20, 50, 100, 200 TRY.

Münzen: 1, 5, 10, 25, 50 Kuruş und 1 Lira.

Obwohl die Lira die Standardwährung ist, akzeptieren viele Tourismusunternehmen (vor allem in Bodrum, Marmaris und Fethiye) auch Euro, **Pfund und Dollar**, aber die Wechselkurse sind möglicherweise nicht günstig.

Reisetipp: Tragen Sie für Taxis, kleine Restaurants, Dorfmärkte und Dolmuş-Minibusse immer etwas Bargeld in Lira bei sich.

Banken in Muğla

Muğla verfügt über Filialen aller großen türkischen Banken, insbesondere in Touristenzentren wie Bodrum, Marmaris, Fethiye und Dalaman.

Große Banken mit Filialen in Muğla:

- **Ziraat Bank**
- **İş Bankası (türkisch İş Bankası)**
- **BBVA-Bürgen**
- **Akbank**
- **Yapı Kredi Bank**
- **Halkbank**
- **DenizBank**
- **QNB Finansbank**

Die meisten Banken in den Innenstädten sind geöffnet Montag–Freitag, **09:00–17:00**(an Wochenenden und Feiertagen geschlossen).

Geldautomaten in Muğla

Weit verbreitet in Flughäfen, Stadtzentren, in der Nähe von Jachthäfen, Einkaufsvierteln und Touristenvierteln.

Geldautomaten akzeptieren im Allgemeinen Visa, **MasterCard, Maestro, Cirrus und** manche akzeptieren sogar Amex.

An den meisten Geldautomaten können Sie beides abheben, Türkische **Lira und manchmal Euro oder Dollar**.

Reisetipps zur Nutzung von Geldautomaten:

Abheben in Türkische **Lira, um hohe** Umrechnungsgebühren zu vermeiden.

Wählen Sie „ohne Umrechnung“, wenn der Geldautomat eine Auswahlmöglichkeit bietet.

Die täglichen Auszahlungslimits liegen normalerweise zwischen 2.000–5.000 **TRY**(ca. 65–160 €, je nach Wechselkurs).

In der Hochsaison kann es vorkommen, dass an Geldautomaten in der Nähe von Touristenzentren kein Bargeld mehr vorhanden ist. Suchen Sie daher nach Automaten bei Banken statt nach freistehenden Geldautomaten.

Kredit- und Debitkarten

Weitgehend akzeptiert in Hotels, Restaurants, Geschäften und Supermärkten in Bodrum, Marmaris und Fethiye.

Kleinere Dörfer, Basare und Dolmuş-Fahrer akzeptieren normalerweise nur Bargeld.

Kontaktloses Bezahlen (NFC)wie Google Pay, Apple Pay und PayPal (über verknüpfte Karten) werden in größeren Städten immer häufiger.

Wechselstuben

Zu finden sind Flughäfen, Touristenstädte und Einkaufsviertel.

Die Preise sind in der Regel besser **in städtischen Wechselstuben als** an Flughäfen oder Hotels.

Viele Juweliergeschäfte und Reisebüros bieten auch einen Geldwechsel an, vergleichen Sie jedoch immer die Kurse.

Reiseschecks und Western Union

Reiseschecks werden in der Türkei mittlerweile kaum noch verwendet.

Für Notfall Transfers,Western **Union und MoneyGram Dienstleistungen** sind in Postämtern (PTT) und einigen Banken in Muğla verfügbar.

Praktische Geldtipps

Tragen Sie eine Mischung **aus Karten und Bargeld für** Flexibilität.

Halten Sie kleine Scheine für Busse, Taxis und Trinkgelder bereit.

Informieren Sie Ihre Bank vor der Reise, um Kartensperren zu vermeiden.

Bewahren Sie für den Fall von Problemen mit dem Geldautomaten immer Notreserven in Euro oder Dollar auf.

Vermeiden Sie den Umtausch großer Beträge an Flughäfen aufgrund der schlechten Kurse.

Beispielkosten (2025, ungefähr)

Dolmus-Fahrt (Kurzstrecke):**20–30 TRY (0,70–1,00 €)**

Taxi-Grundpreis:**40 TRY (1,30 €)**

Streetfood-Snack:**50–70 TRY (1,70–2,30 €)**

Essen im Mittelklasse-Restaurant:**250–400 TRY (8–13 €)**

Reise Gesetze und -bestimmungen für Touristen in Muğla

Reisen in Muğla ist im Allgemeinen sicher und einladend, aber zu wissen, dass Regeln, **kulturelle Normen und gesetzliche Anforderungen für** eine reibungslose Reise unerlässlich sind. Obwohl die Türkei ein modernes, touristisch freundliches Land ist, werden bestimmte Gesetze und Vorschriften strikt durchgesetzt, insbesondere in den bei internationalen Reisenden beliebten Küstengebieten.

1. Zugangsvoraussetzungen

Gültigkeit des Reisepasses: Muss gültig sein für mindestens sechs **Monate Über** Ihren geplanten Aufenthalt hinaus.

Visabestimmungen:

Bürger vieler Länder (EU, Großbritannien, Japan, Neuseeland, einige südamerikanische Länder) können einreisen visumfrei **für bis zu 90 Tage innerhalb** von 180 Tagen.

Bürger der USA, Kanadas und Australiens benötigen möglicherweise ein Visum, die vor der Anreise online erhältlich sind.

Aufenthaltstitel: Wenn Sie länger als 90 Tage bleiben möchten, benötigen Sie eine Aufenthaltserlaubnis.

2. Lokale Gesetze für Touristen

Alkoholgesetze:

Gesetzliches Mindestalter für den Alkoholkonsum:**18 Jahre**.

Das Trinken von Alkohol in der Öffentlichkeit (Parks, Strände, Straßen) ist außerhalb lizenzierter Lokale grundsätzlich verboten.

Alkohol ist in Restaurants, Bars, Supermärkten und Hotels erhältlich.

Raucherregelungen:

Rauchen ist überall verboten, öffentliche **Innenräume**, öffentliche Verkehrsmittel und einige Außenbereiche.

Medikamente:

Illegale Drogen sind strengstens verboten. Der Besitz oder Gebrauch kann zu schweren Strafen, einschließlich Gefängnis, führen.

Fahren:

Fahren Sie auf der rechten **Seite**.

Alkohol am Steuer:**Die gesetzliche Blutalkoholgrenze beträgt 0,05 %**. Null Toleranz gegenüber Berufskraftfahrern (z. B. Taxifahrern).

Tragen Sie immer Ihren Führerschein, **Mietvertrag und Reisepass beim** Fahren.

3. Strand- und Naturordnung

Schutzgebiete: bestimmte Strände (z. B.**Iztuzu/Schildkrötenstrand**) sind geschützte Nistplätze für Unechte Karettschildkröten. Touristen müssen Regeln befolgen, wie z. B. kein Feuer machen, keinen Lärm machen und nächtlichen Zugang einschränken.

Archäologische Stätten: Das Entfernen von Steinen, Artefakten oder sogar Muscheln aus antiken Ruinen ist eine Straftat. Immer bewundern, niemals nehmen.

Camping: Zelten Sie nur in dafür vorgesehenen Bereichen. Wildes Zelten auf geschützten Flächen oder an Stränden kann zu Geldstrafen führen.

4. Währungs- und Zahlungsregeln

Die Beamten der Währung sind die Türkische **Lira (TRY)**. Manche Orte akzeptieren Euro oder Pfund, in Regierungsbüros und an offiziellen Standorten muss jedoch in der lokalen Währung bezahlt werden.

Verwenden Sie immer lizenzierte **Wechselstuben oder Banken**, der Handel auf dem Schwarzmarkt ist illegal.

5. Fotografie und Drohnen

Fotografie: In den meisten Touristengebieten erlaubt, aber vermeiden Sie das Fotografieren von Militärzonen, **Polizei- oder Regierungsgebäude**.

Drohnen: Benötigen Sie eine Sondergenehmigung von Generaldirektion **für Zivilluftfahrt (DGCA)**. Fliegen ohne Genehmigung kann zur Beschlagnahmung und Geldstrafen führen.

6. Respektieren Sie lokale Gepflogenheiten

Kleiderordnung:Küstenstädte sind entspannt, aber in Moscheen **und traditionellen Dorfen** wird dezente Kleidung erwartet (Schultern und Knie bedeckt). Frauen werden beim Betreten von Moscheen möglicherweise gebeten, ein Kopftuch zu tragen.

Öffentliches Verhalten:Öffentliche Liebesbekundungen werden in Ferienorten im Allgemeinen toleriert, in ländlichen Gebieten jedoch missbilligt.

Ramadan: Seien Sie während des heiligen Monats respektvoll gegenüber den fastenden Einheimischen und vermeiden Sie es, in traditionellen Städten tagsüber in der Öffentlichkeit zu essen, zu trinken oder zu rauchen.

7. Notfallkontakte

- **Polizei (Allgemein):** 155
- **Tourismuspolizei (Bodrum und Marmaris): 176**
- **Krankenwagen:** 112
- **Feuerwehr:** 110
- **Küstenwache:** 158

8. Zu beachtende Strafen und Bußgelder

- Das Wegwerfen von Müll in öffentlichen Bereichen: Es fallen Geldstrafen an.
- Fahren ohne Sicherheitsgurt: Bußgelder vor Ort.
- Rauchen in verbotenen Bereichen: Wird mit Geldstrafen geahndet.
- Verstoß gegen die Regeln archäologischer Stätten: Hohe Geldstrafen und mögliche Gefängnisstrafen.

Zusammenfassung für Touristen

Ein Besuch in Muğla ist im Allgemeinen Problemlos, aber Touristen sollten:

Tragen Sie immer einen Ausweis bei sich.

Respektieren Sie kulturelle Normen, insbesondere in ländlichen Gebieten und an religiösen Stätten.

Halten Sie sich an geschützten Stränden und antiken Ruinen an die Umweltvorschriften.

Halten Sie sich beim Fahren, beim Alkoholkonsum und beim Verhalten in der Öffentlichkeit an die gesetzlichen Grenzen.

KAPITEL FÜNF

Eintauchen in das lokale Leben

Bräuche und Traditionen von Muğla

Muğla mit seinen weiß getünchten Steinhäusern, türkisfarbenen Küsten und kiefern bedeckten Bergen ist mehr als nur ein Urlaubsziel, es ist ein Ort, wo Tradition **und Moderne verflechten sich Trotz** seiner Beliebtheit bei internationalen Besuchern hat Muğla seine authentische **Kultur, Folklore und Erbe**, was sie zu einer der reichsten Provinzen der Türkei für Reisende macht, die auf der Suche nach echten Erlebnissen sind.

1. Gastfreundschaft – „Gastfreundschaft“

Die türkische Gastfreundschaft ist legendär und in Muğla tief im Alltag verwurzelt.

Gäste werden mit größtem Respekt behandelt; einem Fremden kann angeboten werden Çay **(Tee), türkischer Kaffee oder hausgemachtes Gebäck auch** bei einem kurzen Besuch.

Die Ablehnung von Gastfreundschaft kann als unhöflich angesehen werden. Nehmen Sie daher am besten zumindest einen Schluck oder Bissen an.

2. Lokale Küche und Tischetikette

Mahlzeiten werden oft als Gemeinschaftsveranstaltung anstatt nur zu essen. Familien versammeln sich um niedrige Tische und teilen Olivenöl, Gerichte, **Meeresfrüchte und gegrilltes Fleisch**.

Brot gilt als heilig und seine Verschwendung ist verpönt.

Zu den traditionellen Getränken gehören Raki(Anisschnaps) bei Feierlichkeiten und Ayran(Joghurtgetränk) zu den täglichen Mahlzeiten.

3. Feste und Feiern

Kamelringen: Eine jahrhundertealte Winter Tradition in Dörfern nahe Bodrum und Milas, bei der Kamele in kontrolliertem Wettkampf gegeneinander antreten. Begleitet wird die Tradition von Volksmusik, Essensständen und lokalen Festen.

Öl-Wrestling: Bei den Sommerfesten treten mit Olivenöl bedeckte Ringer in traditionellen Kämpfen gegeneinander an und spiegeln so das anatolische Erbe wider.

Fischerfeste: In Küstenstädten wie Bodrum und Marmaris wird das Meer mit Musik, Paraden und Meeresfrüchte-Festen gefeiert.

Lokale Hochzeiten: Oft mehrtägige Veranstaltungen mit traditionellen Tänzen, Musik und Festen. Gäste sind jederzeit herzlich willkommen, beim Tanzen mitzumachen.

4. Musik und Volkstänze

Der **Muğla Zeybek Tanz ist** ein typischer kultureller Ausdruck, der in traditionellen Kostümen mit langsamen, heroischen Bewegungen aufgeführt wird.

In der Volksmusik werden oft Instrumente wie Saz **(Langhalslaute)** und **Trommel**.

Bei Festen und Hochzeiten sieht man häufig Einheimische, die spontan in Gruppen tanzen.

5. Kunsthandwerk und Handwerkstraditionen

Teppich- und Kelim-Weberei:Die Dörfer rund um Milas sind für ihre einzigartigen Muster und natürlichen Farbstoffe berühmt.

Holz- und Kupferarbeiten: Lokale Kunsthandwerker stellen handgeschnitzte Holzmöbel und Küchengeschirr aus Kupfer her.

Keramik: Datça und Köyceğiz sind für handgefertigte Keramik bekannt, die oft in Türkis- und Grautönen bemalt sind.

6. Religiöse und spirituelle Traditionen

Der Islam spielt im täglichen Leben eine wichtige Rolle, aber Muğla ist bekannt für seine**tolerante und einladende Atmosphäre**.

Der **Ruf zum Gebet (Azan)ist** fünfmal täglich zu hören und von Besuchern wird erwartet, dass sie sich in der Nähe von Moscheen respektvoll verhalten.

Religiöse Feiertage wie Ramadan **(Ramadan)** und **Eid (Feiertag)**werden mit Familientreffen, Festen und Wohltätigkeitsaktionen gefeiert.

7. Familie und soziale Werte

In Muğla steht die Familie im Mittelpunkt des Lebens. Großfamilien leben oft eng zusammen und unterstützen sich gegenseitig im Alltag.

Ältere Menschen genießen hohen Respekt; es ist üblich, sie zuerst zu grüßen und höfliche Anredeformen zu verwenden.

Das Gemeinschaftsleben ist lebendig, Märkte, Teegärten und lokale Cafés sind soziale Treffpunkte, an denen sich die Einheimischen täglich treffen.

8. Saisonale und landwirtschaftliche Traditionen

Die Olivenernte im Herbst ist sowohl eine kommunale **und wirtschaftliche Aktivität,** oft wird mit lokalen Festen gefeiert.

In den Hochland Dörfern (Yayla) ziehen die Familien je nach Jahreszeit in kühlere Hochzeiten und bewahren so jahrhundertealte Hirten Traditionen.

9. Alltägliche Bräuche, die Touristen kennen sollten

Teekultur: Das Anbieten und Trinken von Tee ist Teil fast jeder Interaktion.

Schuhe aus im Haus: Ziehen Sie beim Betreten des Hauses eines Einheimischen immer Ihre Schuhe aus.

Händeschütteln & Begrüßung:Männer geben sich oft die Hand, Frauen begrüßen sich je nach Vertrautheit mit Küssen auf beide Wangen.

Geschenke machen: Das Mitbringen kleiner Geschenke bei Hausbesuchen (Süßigkeiten, Obst oder Blumen) ist willkommen.

10. Modernes Leben vermischt sich mit Tradition

Während Bodrum und Marmaris mit modernen Yachthäfen, Nachtleben und globalen Einflüssen glänzen, werden Sie in den Dörfern Milas, Datça oder Ula auf ein langsameres **Lebenstempo, wo Traditionen** unberührt bleiben. Diese Balance macht Muğla zu einem wirklich einzigartigen Reiseziel, das sowohl Komfort für internationale Besucher als auch Authentizität für Kulturinteressierte bietet.

Feste und Feiern in Muğla

Muğla ist nicht nur ein Land mit natürlicher Schönheit und Geschichte, sondern auch ein Ort,**bunte Traditionen, lebendige Feste und kulturelle Feiern bringen** das ganze Jahr über zusammen. Von alten Ritualen bis hin zu modernen Versammlungen spiegeln die Feste in Muğla die starke Verbundenheit der Provinz mit der Natur, ihrem landwirtschaftlichen Erbe und der Gastfreundschaft ihrer Menschen wider. Diese Veranstaltungen sind oft für **Besucher geöffnet**, was sie für Reisende zu einer hervorragenden Möglichkeit macht, in das lokale Leben einzutauchen.

Camel-Wrestling-Festivals

Eine der einzigartigsten und beständigsten Traditionen in Muğla ist das Camel-Wrestling-Festival, besonders beliebt in Milas und Bodrum während der Wintermonate (Dezember–Februar).

Aus Dörfern der gesamten Region werden geschmückte Kamele gebracht, die mit farbenfrohen Stoffen und Ornamenten bekleidet sind.

Die Wettkämpfe finden in einer Arena statt, in der die Tiere unter Anleitung ihrer Betreuer gegeneinander antreten.

Bei der Veranstaltung geht es nicht nur ums Wrestling, sondern auch um Volksmusik, **Essensstände, Tanz und Geselligkeit**, wodurch eine karnevalistische Atmosphäre entsteht.

Öl-Wrestling

Ölringen ist eine weitere traditionelle Sportart, die während der Sommerfeste gefeiert wird. Ringer, von Kopf bis Fuß mit Olivenöl bedeckt, treten in Kämpfen gegeneinander an, bei denen Kraft, Ausdauer und Tradition im Vordergrund stehen.

Diese Veranstaltungen sind oft mit lokalen Festen verbunden und werden von Volkstänzen, Musik und Festessen begleitet.

Sie sind tief verwurzelt in der Anatolischen **Kultur**, wobei einige Ereignisse Jahrhunderte zurückliegen.

Internationales Bodrum Ballet Festival

Es findet jedes Jahr im August statt der Bodrum **Burg von St. Peter Dieses** Festival ist das erste und einzige Ballettfestival der Türkei.

Ballett- und Tanzensembles von Weltklasse treten unter freiem Himmel im historischen Schloss auf.

Die Veranstaltung verbindet antike **Architektur mit Hochkultur und** bietet ein wahrhaft magisches Erlebnis unter dem ägäischen Nachthimmel.

Internationales Jazzfestival Bodrum

Dieses im Juni stattfindende Festival bringt renommierte türkische und internationale Jazzmusiker zusammen.

Konzerte finden statt in historischen **Stätten, Yachthafen und Open-Air-Veranstaltungsorten und** bieten ein intimes kulturelles Erlebnis.

Es zieht sowohl Einheimische als auch internationale Besucher an und verleiht der Sommerszene von Bodrum ein kosmopolitisches Flair.

Datça-Mandelblütenfest

Jedes Jahr im Februar erwacht die ruhige Halbinsel Datça mit dem Mandelblütenfest zum Leben.

Das Festival feiert die früh **blühende Mandelbäume**, ein Symbol für Hoffnung und Erneuerung.

Besucher genießen lokale **Kunsthandwerksmärkte, traditionelle Musik, Volkstanz und Köstlichkeiten auf Mandelbasis**.

Es ist eines der fotogensten und authentischsten Kulturereignisse in Muğla.

Gökova Drachenfestival

Dieses familienfreundliche Festival findet im Frühling an den breiten Stränden der Gökova-Bucht statt und ist ein farbenfrohes Drachenfest.

Einheimische und Besucher kommen zusammen, um handgemachte und im Laden gekaufte Drachen steigen zu lassen und den Himmel mit leuchtenden Farben zu füllen.

Die Veranstaltung ist besonders bei Familien und Kindern beliebt und bietet Spiele, Aufführungen und Essensstände.

Meeres- und Fischerfeste

Da Muğla auf eine lange Fischerei- und Seefahrt Geschichte zurückblickt, veranstalten mehrere Städte, darunter Marmaris, Bodrum und Datça, Feste, um ihre Verbindung zum Meer zu feiern.

Zu den Veranstaltungen gehören Boots, Paraden, **Meeresfrüchte-Feste, Konzerte und kulturelle Darbietungen**.

Sie fielen oft mit dem Beginn der Angelsaison oder lokalen Feiertagen zusammen.

Religiöse Feiern

Ramadan (Ramadan):Während dieses heiligen Monats werden die Abende mit gemeinsamen Iftar-Mahlzeiten (Fastenbrechen), von Laternen beleuchteten Straßen und traditionellen Aufführungen wie Schatten Puppentheater lebendig.

Eid al-Fitr (Zuckerfest): Beim sogenannten „Zuckerfest“ besuchen sich Familien gegenseitig, tauschen Süßigkeiten aus und essen gemeinsam mit Nachbarn und Gästen.

Eid al-Adha (Eid al-Adha): Ein weiterer wichtiger Feiertag, der mit Familientreffen, Wohltätigkeitsveranstaltungen und traditionellen Festen verbunden ist.

Lokale Hochzeiten als Feste

Obwohl es sich nicht um ein Fest im herkömmlichen Sinne handelt, sind Hochzeiten in Muğla**große, kommunale Angelegenheiten. Das** kann tagelang dauern.

Freuen Sie sich auf Live-Musik, Volkstänze wie Zeybek und Tische voller Essen.

Reisende sind oft herzlich eingeladen, an den Tänzen und Feierlichkeiten teilzunehmen, was daraus ein unvergessliches kulturelles Erlebnis macht.

Warum Festivals für Touristen wichtig sind

Der Besuch eines Festivals in Muğla ermöglicht Reisenden:

- Erleben Sie die authentischen **Rhythmen des lokalen Lebens**.
- Genießen Sie traditionelle **Musik, Tanz und Essen in ihrer** authentischsten Form.
- Werden Sie Zeuge jahrhundertealter Bräuche, die die Vergangenheit mit der Gegenwart verbinden.

Kunst, Musik und Kunsthandwerk in Muğla

Muğla ist nicht nur ein Land mit sonnenverwöhnten Stränden und antiken Ruinen, es ist auch eine Provinz, in der Kunst, **Musik und Handwerk gedeihen**, tief in der Geschichte und im Alltag verwurzelt. Von traditionellen Volkstänzen auf Dorfplätzen bis hin zu feinen Teppichen, die in Berghäusern gewebt werden, ist Muğlas kreative Seele in seine Kultur eingewoben und wartet darauf, von neugierigen Reisenden entdeckt zu werden.

Traditionelle Musik

Die Musik in Muğla trägt das Herz Anatoliens in sich und wird oft von Tanz und Geschichtenerzählen begleitet.

Zeybek Musik und Tanz: Dieser heroische Tanz ist vielleicht der ikonische kulturelle Ausdruck der Region. Er wird von Männern in traditionellen bestickten Kostümen aufgeführt, die sich mit kühnen, würdevollen Schritten bewegen. Er symbolisiert Mut, Respekt und Einigkeit.

Instrumente: Der **Saz (Baglama)**, ein Saiteninstrument, und die Trommel sind zentral für die Volksmusik von Muğla. Die Clarion(Rohrblattinstrument) wird oft bei Festen und Hochzeiten eingesetzt und erzeugt einen kraftvollen, feierlichen Klang.

Anlässe: Volksmusik ist ein untrennbarer Bestandteil lokaler Hochzeiten, Erntedankfeste und Kamel-Wrestling-Festivals.

Bildende Kunst und Kunsthandwerk

Die künstlerischen Traditionen von Muğla sind Jahrhunderte alt und werden in Dörfern und Werkstätten bewahrt, in denen Handwerker ihre Fähigkeiten von Generation zu Generation weitergeben.

Teppich- und Kelim Weberei (Milas Rugs): Muğla, insbesondere Milas, ist berühmt für seine handgewebten Teppiche mit geometrischen Mustern und natürlichen Farbstoffen. Jedes Motiv trägt eine Bedeutung, von Fruchtbarkeitssymbolen bis hin zu Wünschen nach Schutz.

Keramik und Töpferei: Datça und Köyceğiz sind bekannt für ihre farbenfrohe Keramik, die in Türkis-, Blau- und Grautönen bemalt ist und oft von der Ägäis inspiriert ist.

Kupfer- und Metallarbeiten: In den örtlichen Werkstätten werden noch immer traditionelle Küchenutensilien und Dekorationsgegenstände aus Kupfer gefertigt, die an die Kunstfertigkeit der osmanischen Ära erinnern.

Holzschnitzerei:Holz, Möbel und Dekorationsstücke, insbesondere in Ula und Milas, zeigen die natürlichen Ressourcen und das Handwerk der Region.

Zeitgenössische Kunst

Muğla hält zwar an seinen Traditionen fest, ist aber auch offen für moderne Kreativität.

Kunstgalerien in Bodrum: Bodrum ist zu einem Zentrum für zeitgenössische Künstler geworden, mit Galerien, die moderne türkische und internationale Werke ausstellen. Orte wie Bodrum **Art Gallery und** saisonale Ausstellungen sorgen für ein kosmopolitisches Flair.

Straßenkunst: In Städten wie Marmaris und Datça sind Wandmalereien und öffentliche Kunstwerke zunehmend Teil der Stadtlandschaft.

Künstlerkolonien: Die ruhige Atmosphäre von Datça und Akyaka zieht Schriftsteller, Maler und Musiker an, die in der natürlichen Schönheit der Küste und der Berge Inspiration finden.

Festivals für Kunst und Musik

Internationales Ballettfestival Bodrum: Eine einzigartige Mischung aus Kunst und Geschichte, die jedes Jahr im August auf der Burg von Bodrum stattfindet.

Bodrum Jazz Festival: Feiert lokale und internationale Jazzmusiker in intimen Veranstaltungsorten am Meer.

Datça Mandelblütenfest: Neben Essen gibt es auch Musik- und Tanzdarbietungen sowie Kunsthandwerksausstellungen.

Lokale Dorffeste: Dazu gehören oft Ausstellungen handgewebter Textilien, Töpferwaren und Live-Auftritte von Folkmusik.

Einkaufen von lokalem Kunsthandwerk

Für Reisende, die ein Stück Muğla mit nach Hause nehmen möchten:

Milas Teppiche: In Basaren und Fachgeschäften in ganz Muğla, insbesondere in Milas und Bodrum, zu finden.

Datça Olivenölseifen und Keramik: Handgefertigt und oft biologisch.

Ula Sandalen: Handgefertigte Leder Sandalen, langlebig und stilvoll, perfekt als Souvenirs.

Wochenmärkte (Bazars):Fast jede Stadt hat einen traditionellen Markt, auf dem lokales Kunsthandwerk, Textilien und handgefertigtem Schmuck verkauft werden.

Warum es für Besucher wichtig ist

Das Erleben von Muğlas Kunst, Musik und Kunsthandwerk bietet Reisenden mehr als nur Souvenirs, es bietet einen intimen Einblick in die Seele **der Region**. Ob sie in einem Dorf einem Zeybek-Tanz zuschauen, einen handgewebten Milas-Teppich kaufen oder in einem Café Live-Saz-Musik hören, Besucher verbinden sich mit einem Erbe, das heute genauso lebendig ist wie vor Jahrhunderten.

Lokale Märkte und Einkaufstipps in Muğla

Einkaufen in Muğla ist mehr als eine Transaktion, es ist eine kulturelle **Erfahrung**. Ob Sie durch einen geschäftigen Wochen Basar schlendern, mit einem Teppichverkäufer in Milas feilschen oder Bodrums schicke Boutiquen erkunden, Einkaufen hier ist ein Abenteuer für sich. Lokale Märkte spiegeln die Seele **von Muğla**, voller Farben, Düfte und Geräusche, die Reisende in den Alltag eintauchen lassen.

Wochenmärkte (Bazars)

Fast jede Stadt und jedes Dorf in Muğla hat seine eigenen wöchentlichen **Markttag**, wo sich Bauern, Handwerker und Händler treffen. Hier kann man nicht nur einkaufen, sondern auch Kontakte knüpfen, essen und das authentische Leben vor Ort erleben.

Fethiye-Markt (dienstags): Einer der größten Märkte der Region. Hier finden Sie frisches Obst, Gemüse, Gewürze, Kleidung und Souvenirs. Besonders bei Textilien und Accessoires ist Feilschen angesagt.

Bodrum-Markt (Freitags): berühmt für seine Textilien, insbesondere handgewebte Milas-Teppiche und Kelims, sowie für lokales Olivenöl, Honig und handgefertigte Sandalen.

Datça-Markt (samstags): Bekannt für Mandeln (eine regionale Spezialität), Olivenölseifen, Honig und frische Produkte.

Milas-Markt (dienstags): Ein Paradies für Teichliebhaber. Milas ist bekannt für seine handgewebten Teppiche mit symbolischen Motiven und natürlichen Farbstoffen.

Marmaris-Markt (donnerstags): Bei Touristen beliebt, bietet es Kleidung, Lederwaren, Gewürze und Souvenirs.

Was gibt es in Muğla zu kaufen?

Milas Teppiche und Kelims: Einzigartige Muster und natürliche Farbstoffe, tief symbolträchtig und wertvoll als Erbstücke.

Olivenöl Produkte:Olivenölseifen, Hautpflegeprodukte und reines Speiseöl aus lokalen Pressen.

Datac Mandeln:Gilt als einer der besten in der Türkei und wird oft roh, geröstet oder mit Honig überzogen verkauft.

Lederwaren: Handgefertigte Sandalen und Taschen, insbesondere aus Bodrum und Ula.

Keramik und Töpferei: Wunderschöne Keramik in Türkis und Erdtönen aus Datça und Köyceğiz.

Gewürze und Kräuter: Oregano, Thymian, Salbei und lokale Gewürzmischungen bringen die Aromen von Muğla nach Hause.

Honig und Kiefernhonig: Der Kiefernhonig, der nur in den Wäldern von Muğla vorkommt, hat einen ausgeprägten Geschmack und ist sehr begehrt.

Einkaufstipps für Touristen

Verhandlungen werden erwartet: Besonders auf Märkten und Basaren. Beginnen Sie mit einem niedrigen Preis, aber bleiben Sie höflich. Es ist eine kulturelle Praxis, bei der es nicht nur um den Preis geht.

Bargeld ist König:Während größere Geschäfte Kreditkarten akzeptieren, bevorzugen kleinere Händler Bargeld (türkische Lira).

Auf Echtheit prüfen: Achten Sie bei Artikeln wie Teppichen, Keramik und Leder darauf, dass sie handgefertigt sind. Fragen Sie beim Kauf wertvoller Teppiche nach Zertifikaten.

Probieren Sie vor dem Kauf: Die Händler lassen Sie oft gerne Honig, Oliven oder Gewürze probieren.

Früh einkaufen: Morgens sind die Märkte weniger überfüllt und die besten Waren sind vor Mittag erhältlich.

Passen Sie auf Ihr Gepäck auf: Achten Sie wie auf jedem geschäftigen Markt weltweit auf Ihre persönlichen Gegenstände.

Modernes Shopping in Muğla

Während Basare die lokale Szene dominieren, bietet Muğla auch moderne **Einkaufserlebnisse Für** alle, die Markenprodukte suchen:

Oasis Einkaufszentrum (Bodrum): Eine Mischung aus türkischen und internationalen Marken mit Cafés und Restaurants.

Einkaufszentrum Blue Port (Marmaris): Ein praktischer Ort zum Einkaufen und Essen an einem Ort.

Lokale Boutiquen: In Bodrum und Fethiye bieten Boutiquen handgefertigten Schmuck, Designerkleidung und einzigartige Souvenirs an.

Kulturelle Etikette beim Einkaufen

Begrüßen Sie Verkäufer immer höflich mit einem „Merhaba“ (Hallo).

Nehmen Sie beim Stöbern Tee Angebote an, das gehört in der Türkei zum Einkauf Ritual.

Fühlen Sie sich nach einem langen Gespräch oder einer Tasse Tee nicht zum Kauf gedrängt; Verkäufer wissen, dass Stöbern Teil der Kultur ist.

Warum sollten Sie die lokalen Märkte in Muğla besuchen?

Der Besuch von Märkten ist mehr als nur Einkaufen; es geht darum, mit **Menschen in Kontakt treten**, entdecken Sie lokale Aromen und erleben Sie jahrhundertealte Traditionen. Ob Sie einen Milas-Teppich oder eine Handvoll frischer Feigen kaufen, auf den Märkten können Sie ein Stück **Muğlas Kultur**.

Etikette und kulturelle Gebote und Verbote in Muğla

Eine Reise nach Muğla ist mehr als nur Sightseeing. Es geht darum, sich in den Rhythmus des lokalen Lebens einzufügen, Traditionen zu respektieren und echte Verbindungen aufzubauen. Die Türken sind für ihre Herzlichkeit und Gastfreundschaft bekannt, aber wenn man aufpasst,**lokale Etikette macht** Interaktionen reibungsloser und lohnender.

Allgemeine Etikette

Von der

Begrüßen Sie die Leute herzlich: Ein einfaches „Merhaba“ (Hallo) reicht aus.

Zeigen Sie den Älteren Respekt: Stehen Sie auf, wenn sie hereinkommen, lassen Sie sie zuerst bedienen und sprechen Sie höflich an.

Gastfreundschaft annehmen: Wenn Ihnen Tee, Kaffee oder Essen angeboten wird, ist es höflich, diese anzunehmen, auch wenn es nur eine kleine Menge ist.

Verwenden Sie Ihre rechte Hand: Verwenden Sie beim Geben oder Empfangen von Gegenständen, insbesondere Lebensmitteln oder Geld, Ihre rechte Hand.

Kleiden Sie sich in Dörfern bescheiden:Während Strände in Städten liberal sind, sind ländliche Gebiete konservativer. Beim Besuch von Moscheen oder traditionellen Gemeinden wird dezente Kleidung geschätzt.

Verbote

Strecken Sie Ihre Fußsohlen nicht nach außen: In der türkischen Kultur gilt es als unhöflich, jemandem die Sohlen seiner Schuhe oder Füße zu zeigen.

Verschwenden Sie kein Brot oder Essen: Insbesondere Brot gilt als heilig. Behandeln Sie es stets mit Respekt.

Überstürzen Sie Gespräche nicht:Türken legen Wert auf Gastfreundschaft und Freundlichkeit und vermeiden es, in gesellschaftlichen Situationen gehetzt oder geschäftsmäßig zu wirken.

Tischetikette

Von der

Warten Sie, bis der Host beginnt: Warten Sie auf den Mahlzeiten, bis der Gastgeber das Zeichen zum Essen gibt.

Komplimente zum Essen: Es wird geschätzt, wenn man Freude zum Ausdruck bringt.

Mahlzeiten teilen: Gegessen wird gemeinschaftlich; die Gerichte werden oft in die Mitte gestellt, damit alle etwas davon haben.

Probieren Sie Rakı respektvoll: Wenn Sie Alkohol trinken, genießen Sie Rakı (Anisschnaps) oft in geselliger Runde, aber lassen Sie es ruhig angehen, er ist stark.

Verbote

Lehnen Sie das Essen nicht abrupt ab: Wenn Sie nicht essen können, lehnen Sie höflich ab, aber sagen Sie niemals barsch „Nein“.

Verlassen Sie den Tisch nicht vorzeitig: Beim Essen geht es um das Zusammensein; es gilt als unhöflich, aufzubrechen, bevor die anderen fertig sind.

Besuch von Moscheen und religiösen Stätten

Von der

Kleiden Sie sich bescheiden:Männer und Frauen sollten Schultern und Knie bedecken; Frauen müssen möglicherweise ihr Haar mit einem Schal bedecken.

Schuhe ausziehen: Ziehen Sie vor dem Betreten immer die Schuhe aus.

Bleiben Sie ruhig und respektvoll: Das Fotografieren kann eingeschränkt sein. Fragen Sie immer zuerst nach.

Verbote

Besuchen Sie uns nicht während der Gebetszeiten: Vermeiden Sie es, den Gottesdienst zu unterbrechen, es sei denn, Sie werden dazu aufgefordert.

Beteiligen Sie sich nicht an lauten Gesprächen oder Lachen: Diese Räume dienen der Besinnung und dem Gebet.

Einkaufs Etikette

Von der

Höflich verhandeln: Verhandeln gehört zur Basar-Kultur, aber immer mit einem Lächeln.

Tee beim Einkaufen annehmen: Es ist ein Zeichen der Freundlichkeit, nicht des Drucks.

Verwenden Sie nach Möglichkeit Bargeld: Viele Händler bevorzugen türkische Lira in bar.

Verbote

Feilschen Sie nicht aggressiv: Zu viel Druck wird als respektlos angesehen.

Nicht ohne zu fragen berühren: Gerade bei Textilien oder Bastelarbeiten ist ein schonender Umgang geboten.

Soziale Etikette

Von der

Geben Sie bei Bedarf die Hand:Männer geben sich oft die Hand; Frauen bevorzugen möglicherweise eine verbale Begrüßung, es sei denn, sie strecken zuerst ihre Hand aus.

Kuss auf beide Wangen (Freunde/Familie): Unter Freunden sind leichte Küsse auf beiden Wangen üblich.

Verwenden Sie Titel und formelle Anrede: Verwenden Sie insbesondere bei formellen oder ersten Treffen „Bey“ (Herr) oder „Hanım“ (Frau) nach dem Vornamen.

Verbote

- **Kritisieren Sie weder Religion noch Traditionen:**Sensible Themen sollten mit Vorsicht angegangen werden.
- **Gehen Sie nicht zu schnell von Vertrautheit aus:**Türken sind herzlich, respektieren aber ihre Privatsphäre, bis eine Bindung aufgebaut ist.

Etikette am Strand und in Touristengebieten

Von der

Badebekleidung ist an Stränden in Ordnung: Bikinis, Badeanzüge und Shorts sind an der Küste normal.

Verwenden Sie Vertuschungen in Städten: Tragen Sie beim Verlassen des Strandes leichte Kleidung und nicht nur Badebekleidung.

Verbote

Sonnen Sie sich in konservativen Bereichen nicht oben ohne:Während es an einigen Touristen Stränden erlaubt ist, wird es in vielen Gemeinden missbilligt.

Praktische Etikette-Tipps für Touristen

- Tragen Sie immer einen Schal oder eine leichte Decke bei sich, nützlich für Moscheen oder konservative Gegenden.
- Lernen Sie ein paar türkische Sätze, die Einheimischen wissen Ihre Mühe zu schätzen.
- Halten Sie Kleingeld für Trinkgelder, Dolmuş-Fahrten und kleinere Einkäufe bereit.
- Seien Sie geduldig, in Dörfern geht es oft langsamer voran als in Ferienorten.

Warum es wichtig ist: Durch die Achtung der Sitten und Gebräuche Muğlas sammeln Touristen nicht nur Höflichkeit Punkte, sie verdienen Wärme, **Vertrauen und ein reicherer kultureller Austausch Ein** respektvoller Reisender wird oft mit tieferen Gesprächen, Einladungen zu sich nach Hause und Erinnerungen belohnt, die über das Sightseeing hinausgehen.

KAPITEL SECHS

Planen Sie Ihr Abenteuer in Muğla

3-Tages-Reiseplan: Höhepunkte von Muğla

Für diejenigen mit wenig Zeit konzentriert sich diese kurze Reiseroute auf die Attraktionen, **die man gesehen haben muss an** den berühmtesten Orten von Muğla.

Tag 1 – Fethiye und Ölüdeniz

- Morgen: Ankunft in Fethiye. Besuch der Antikes **Theater von Telmessos und der Altstadt von Fethiye mit** seinen engen Gassen und dem Basar.
- Nachmittag: Auf zur Blauen **Lagune von Ölüdeniz**, entspannen Sie am Strand oder versuchen Sie Gleitschirmfliegen **vom Berg Babadag für** eine atemberaubende Aussicht.
- Abend: Genießen Sie frische Meeresfrüchte in einem Strandrestaurant in Ölüdeniz.

Tag 2 – Dalyan & Kaunos

- Morgens: Nehmen Sie eine Bootstour **auf dem Dalyan-Fluss**, besuchen Sie die Felsengräber **von Kaunos**, und erkunden Sie die antiken Ruinen.
- Nachmittag: Entspannen Sie sich am Turtle **Beach (Iztuzu)**, berühmt für seine Unechten Karettschildkröten.

- Abends: Probieren Sie die Dalyan-Schlammbäder, eine unterhaltsame und erholsame Erfahrung.

Tag 3 – Bodrum

- Morgen: Fahrt nach Bodrum. Besuch der Burg **Bodrum (Burg St. Peter)**und das Museum **für Unterwasserarchäologie**.
- Nachmittag: Spaziergang durch die Bodrum **Marina und** genießen Sie das Einkaufen in den örtlichen Boutiquen.
- Abend: Erlebnis Bodrums **Nachtleben entlang** der Bar Street, bevor Sie nach Hause oder zu Ihrem nächsten Ziel aufbrechen.

7-Tage-Reiseplan: Eine Woche in Muğla

Diese Reiseroute gleicht aus Stränden, **Geschichte und versteckten Juwelen**, wodurch Reisende ein tieferes Gefühl für die Region bekommen.

Tag 1 – Ankunft in Fethiye

- Erkunden Sie die Altstadt **von Fethiye (Paspatur)**, das **Fethiye-Museum**, und genießen Sie das Abendessen in einem traditionellen Restaurant.

Tag 2 – Ölüdeniz und Kayaköy

- Morgen: Entspannen oder schwimmen am Strand **von Ölüdeniz und Blaue Lagune**.

- Nachmittag: Besuch**Geisterdorf Kayaköy**, erkunden Sie die verlassenen Häuser und wandern Sie zurück nach Ölüdeniz.
- Abend: Sonnenuntergang am Lagune mit Abendessen in einem Café am Meer.

Tag 3 – Dalyan und Köyceğiz-See

- Morgendliche Bootsfahrt nach Felsengräber **von Kaunos** und **Dalian-Schlammbäder.**
- Am Nachmittag um Köyceğiz-See probieren Sie ein Mittagessen mit lokalem Fisch.
- Abend: Übernachtung in Dalyan oder Rückkehr nach Fethiye.

Tag 4 – Marmaris

- Besuchen Sie die Burg **Marmaris und das Archäologische Museum**.
- Entspannen Sie am Strand **von Icmeler**.
- Entdecken Sie den Basar **und den Yachthafen** am Abend.

Tag 5 – Bodrum

- Besuchen die Burg **von Bodrum**, das **Unterwasserarchäologie Museum und** schlendern Sie um die Altstadt **von Bodrum**.
- Abend: Genießen Sie Bodrums Essen **und Nachtleben am Meer**.

Tag 6 – Halbinsel Datça

- Erkunden Sie die Stadt **Datca**, berühmt für Mandeln und Olivenöl.
- Besuchen **Sie die antike Stadt Knidos und** genießen Sie die ruhigen Strände.
- Übernachtung in Datça für einen ruhigen Abend.

Tag 7 – Rückfahrt über Milas

- Stoppen Sie beim Milas **Markt**(wenn es Dienstag ist) um authentische Milas **Teppiche**.
- Besuchen Sie die Altstadt von Muğla und ihre Arasta-Basar **und den Uhrenturm vor** der Abreise.

14-tägige Reiseroute: Das komplette Muğla-Erlebnis

Für diejenigen, die wollen alles **sehen: Diese** Reiseroute umfasst die Naturwunder, die Geschichte, die verborgenen Schätze, die Strände, das Essen und die kulturellen Traditionen von Muğla.

Tag 1 – Ankunft in Fethiye

- Erkunden Sie die Altstadt **von Fethiye, Telmessos-Theater und Fethiye-Museum**.

Tag 2 – Ölüdeniz & Paragliding

- Morgens schwimmen wir in der Blauen **Lagune**.
- Nachmittags Paragliding vom Babadag-Berg.
- Abend: Abendessen mit Meerblick.

Tag 3 – Geisterdorf Kayaköy

- Erkunden Sie verlassene Häuser und Kapellen.
- Nachmittagswanderung oder Ausritt ins Tal.
- Abend: Lokales Abendessen in Fethiye.

Tag 4 – Dalyan & Kaunos

- Bootstour auf dem Fluss.
- Besuche **Felsengräber,antike Ruinen und** einen **Schildkrötenstrand**.
- Versuche **Schlammbäder, bevor** es weiter nach Köyceğiz geht.

Tag 5 – Köyceğiz und Fluss Yuvarlakçay

- Bootsfahrt auf dem See.
- Mittagessen bei dem Yuvarlakçay-Fluss mit seinen natürlichen Pools.
- Übernachtung in einem Gästehaus am Flussufer.

Tag 6 – Marmaris

- Morgen: Erkunden Marmaris **Schloss**.
- Nachmittags am Strand **von Icmeler** oder der Kleopatra-Insel.
- Abend: Nachtleben in der Marmaris Bar Street.

Tag 7 – Halbinsel Datça

- Erkunden Sie die Stadt **Datça und lokale Mandelprodukte**.

- Besuchen **die antike Stadt Kinos bei** Sonnenuntergang.
- Übernachtung in einem kleinen Boutique-Hotel.

Tag 8 – Bodrum

- Besuchen die Burg **Bodrum und das Museum für Unterwasserarchäologie**.
- Nachmittags-Shopping in der Altstadt **von Bodrum**.
- Abendliches Yacht-Dinner im Marina **Yacht Club**.

Tag 9 – Strände und Dörfer von Bodrum

- Entspannen Sie sich am Strand **von Gümbet oder** erkunden Sie nahe gelegene Dörfer wie Gümüşlük, das für Meeresfrüchte und Kunst bekannt ist.

Tag 10 – Milas & Teppich Dörfer

- Besuchen **Milas Markt** und **Teppichwerkstätten**.
- Erfahren Sie mehr über das traditionelle **Weben**.
- Übernachtung in einem örtlichen Gästehaus.

Tag 11 – Akyaka und Azmak-Fluss

- Erkunden **Akyakas traditionelle Häuser und** segeln Sie auf dem Azmak-Fluss.
- Abendessen am Fluss.

Tag 12 – Gökova-Bucht und Cennet-Bucht

- Bootsfahrt über die Gökova-Bucht mit Schwimmsport.

- Besuchen **Herrn Paradies**, eines der verborgenen Juwelen der Gegend.

Tag 13 – Sultaniye-Thermalquellen

- Entspannen Sie sich in natürlichen **heißen Quellen in der** Nähe von Köyceğiz.
- Besuchen Sie die umliegenden Dörfer und kaufen Sie Kunsthandwerk und Olivenölprodukte.

Tag 14 – Muğla & Abreise

- Erkunden Sie die Altstadt **von Muğla, Arasta-Basar und Uhrturm**.
- Letzte Einkäufe für Teppiche, Olivenöl und Honig vor der Abreise.

Abenteuer Aktivitäten für Nervenkitzel-Suchende in Muğla

1. Gleitschirmfliegen vom Berg Babadağ (Ölüdeniz, Fethiye)

- **Warum es spannend ist:**Starten Sie aus einer Höhe von fast 2.000 Metern und gleiten Sie über das türkisfarbene Wasser der Blauen **Lagune**, einer der berühmtesten Paragliding-Standorte der Welt.
- **Beste Zeit:**Von April bis Oktober ist der Himmel klar.
- **Tipps:**Buchen Sie bei zertifizierten Agenturen in Ölüdeniz (viele beinhalten Hoteltransfers und Versicherung).

2. Tauchen und Schnorcheln (Fethiye, Bodrum, Marmaris)

- **Highlights:**Erkunden Sie kristallklares Wasser, Riffe und Schiffswracks. Bodrum ist besonders berühmt für seine Unterwasserhöhlen und archäologische Tauchplätze.
- **Top-Spots:**Schwarze Insel Bodrum, Golf von Fethiye, Riffe von Marmaris.
- **Beste Zeit:**Von Mai bis Oktober ist die Sicht am besten.

3. Wildwasser-Rafting (Dalaman River)

- **Warum es einzigartig ist:**Navigieren Sie durch aufregende Stromschnellen, umgeben von üppigen Canyons. Die Innerer Fluss bietet sowohl anfängerfreundliche als auch fortgeschrittene Rafting-Routen.

- **Jahreszeit:**April bis Oktober (beste Strömung im Frühjahr).
- **Tour Details:Die** Ausflüge dauern normalerweise 3–4 Stunden und beinhalten Mittagessen und Sicherheitsausrüstung.

4. Wandern und Trekking (Lykischer Weg und Karischer Weg)

- **Lykischer Weg:**Einer der weltweit besten Fernwanderwege, der sich entlang der Küste von Fethiye erstreckt und antike Ruinen, versteckte Buchten und Bergblicke bietet.
- **Wegsuche:**Beginnt in der Nähe von Marmaris und schlängelt sich durch Kiefernwälder, Olivenhaine und Küstendörfer.
- **Tipp:**Auch kurze Abschnitte lassen sich bei Tageswanderungen mit ortskundigen Guides genießen.

5. Jeep- und QUAD-Safaris (Fethiye, Marmaris, Bodrum)

- **Erfahrung:**Offroad-Abenteuer durch Bergdörfer, Kiefernwälder und raue Landschaften.
- **Highlights:**Stopps an Wasserfällen, Flüssen und Aussichtspunkten.
- **Am besten geeignet für:**Familien, Gruppen und alle, die Adrenalin ohne anstrengende Aktivitäten suchen.

6. Segeln und blaue Kreuzfahrten (Göcek, Bodrum, Marmaris)

- **Warum es abenteuerlich ist:**Chartern Sie eine Gulet (traditionelle Holzyacht) und erkunden Sie versteckte Buchten, unbewohnte Inseln und türkisfarbenes Wasser.
- **Beliebte Routen:**Göcek-Inseln, Gökova-Bucht, Halbinsel Datca.
- **Optionen:**Tagestouren oder mehrtägige Kreuzfahrten mit Schnorcheln, Angeln und Inselhüpfen.

7. Klettern (Kayaköy & Geyikbayırı)

- **Wo:**Kayaköy bietet Kalksteinfelsen, die für Kletterer verschiedener Niveaus geeignet sind, während Geyikbayırı (in der Nähe von Antalya, aber von Muğla aus erreichbar) das berühmteste Klettergebiet der Türkei ist.
- **Erfahrung:**Testen Sie Ihre Kraft und Ihr Gleichgewicht mit spektakulären Ausblicken über Täler und Dörfer.

8. Kajakfahren und Paddleboarding (Akyaka und Göcek)

- **Warum:** Erkunden **Azmak-Fluss in Akyaka** oder paddeln Sie in Ihrem eigenen Tempo um die Inseln von Göcek.
- **Beste Zeit:**Morgens oder bei Sonnenuntergang, um starken Wind zu vermeiden.

9. Canyoning (Saklıkent-Schlucht)

- **Erfahrung:** Wandern Sie durch eine der tiefsten Schluchten Europas, waten Sie durch kühles Wasser und erklimmen Sie felsige Passagen.
- **Tipp:** Für ein abenteuerliches Erlebnis abseits der üblichen Touristenpfade werden geführte Canyoning-Touren angeboten.

10. Windsurfen und Kitesurfen (Akyaka und Gökova Bay)

- **Warum:** Die Gökova-Bucht ist mit ihrem flachen Wasser und stetigen Winden einer der besten Kitesurf-Spots in der Türkei.
- **Anfänger & Profis:** Schulen in Akyaka bieten Kurse für alle Niveaus an.

11. Reiten (Kayaköy, Fethiye, Dalyan)

- **Panoramafahrten:** Durch Kiefernwälder, über Bergpfade und sogar entlang von Stränden bei Sonnenuntergang.
- **Tipp:** Ideal für Reisende, die eine Mischung aus Natur und Abenteuer ohne extreme körperliche Anstrengung suchen.

12. Mountainbiken (Halbinsel Datça und Marmaris-Hügel)

- **Routen:** Ruhige Landstraßen, Küstenpfade und Waldwege.
- **Beste Spots:** Das raue Gelände von Datça und die Wanderwege des Marmaris-Nationalparks.

Entspannungs- und Wellness-Retreats in Muğla

1. Thermalquellen und Naturheilkunde

Sultaniye-Thermalquellen (Köyceğiz-See)
Einer der berühmtesten Thermalorte der Türkei. Diese mineralreichen heißen Quellen und Schlammbäder sollen heilende Wirkung bei Hauterkrankungen, Rheuma und Gelenkschmerzen haben. Die Kombination aus heißem **Schwefelwasser und** die ruhige Aussicht auf den Köyceğiz-See macht es sowohl therapeutisch als auch malerisch.

So genießen Sie: Verbringen Sie ein paar Stunden in den Thermalbecken und nehmen Sie anschließend zur Kontrasttheorie ein Bad im See.

2. Traditionelle türkische Hammams (Badehäuser)

Gefunden über die Stadt **Muğla, Marmaris, Bodrum und Fethiye**, Hamams sind ein unverzichtbares Entspannungs Erlebnis.

Was Sie erwartet: Beginnen Sie mit einer Dampf-Sitzung, gefolgt von einem Ganzkörperpeeling mit einem Kessel-Handschuh, einer Seifenmassage und oft einer Ölmassage.

Highlights: Die historischen Hammams von Bodrum und die luxuriösen Spa-Hammams in Ressorts wie Marmaris und Ölüdeniz bieten authentische und gehobene Erlebnisse.

3. Yoga- und Meditations-Retreats

Akyaka: Die Öko-Retreats hier sind für ihre entspannte Atmosphäre bekannt und bieten Yoga-Sitzungen bei Sonnenaufgang am Fluss Azmak an.

Ölüdeniz & Kabak-Tal: Abgeschiedene Rückzugsorte kombinieren Yoga mit dem Eintauchen in die Natur und bieten oft vegane/vegetarische Küche an.

Halbinsel Datça: Beliebt bei Wellness Reisenden, die Ruhe abseits der Massen suchen.

Angebotene Programme:Tägliche Yoga-Kurse, Meditation, Reiki-Heilung, Klangbäder und Entgiftungs-Workshops.

4. Luxus-Spa-Resorts

Viele der Fünf-Sterne-Resorts in Muğla sind gleichzeitig Wellness-Oasen, mit Spas und Entspannungsprogrammen von Weltklasse.

Top-Reiseziele:

D-Hotel Maris (Halbinsel Datça): Berühmt für seine Privatstrände, luxuriösen Spa-Behandlungen und die ruhige Lage.

Six Senses Kaplanka (in der Nähe von Bodrum): Bietet ganzheitliche Wellness Programme, einschließlich Ernährungs-, Fitness- und verjüngende Therapien.

Jiva Beach Resort (Fethiye): Bekannt für die Verbindung von Freizeit und Wellness mit Pools im Lagunen-Stil und Spa-Einrichtungen.

5. Detox- und ganzheitliche Heilungs-Retreats

Programme: Saft-Detox, Ayurveda-Therapien, Meditation, Digital Detox und Achtsamkeits-Workshops.

Wo Sie sie finden: Bodrum und Göcek sind Top-Spots für Boutique-Detox-Retreats, oft in ruhigen Küste Villen inmitten der Natur.

6. Entspannung am Meer

Göcek und Fethiye:Ruhige Jachthäfen und versteckte Buchten eignen sich perfekt für entspannende Kreuzfahrten oder entspannte Nachmittage in Strandclubs.

Akyaka: Mit seinem gemächlichen Tempo, den Cafés am Flussufer und den Ökodörfern ist es ein hervorragender Ort, um abzuschalten und neue Energie zu tanken.

Halbinsel Datça: berühmt für den Treffpunkt der „drei Meere“ (Ägäis, Mittelmeer und Datça-Bucht) mit unberührten Stränden fernab der Massen.

7. Ganzheitliche Therapien und Wellnesszentren

Viele Zentren in Bodrum, Marmaris und Fethiye sind darauf spezialisiert**Thai-Massage, Aromatherapie, Reflexzonenmassage, Akupunktur und Energieheilung**.

Mehrere Yoga-Studios und Wellness-Bereiche bieten auch wöchentlichen **Gemeinschaftskurs für** Reisende, die sich weniger auf die Reise machen möchten als auf einen kompletten Retreat.

8. Achtsame Naturausflüge

Kürbis Tal:Es ist bekannt für seine Öko-Lodges und Unterkünfte im Baumhausstil und eignet sich ideal zum Meditieren, Sternegucken und um mit der Natur in Kontakt zu treten.

Saklikent-Schlucht: Besuchen Sie uns außerhalb der Stoßzeiten und genießen Sie friedliche Spaziergänge entlang des kühlen Canyon Wassers.

Köyceğiz-See: Perfekt, um ein Boot zu mieten und einen ruhigen Tag mit Vogelgezwitscher und Bergblick zu genießen.

Warum Muğla perfekt für Wellness Reisende ist

Im Gegensatz zu vielen anderen Reisezielen bietet Muğla eine **Balance aus Abenteuer und Gelassenheit**. Sie können an einem Tag über Ölüdeniz Gleitschirmfliegen und am nächsten Tag bei Yoga und einem Hammam-Ritual entspannen. Die Mischung **aus natürlichem Heilwasser, traditionellen Wellness-Praktiken und luxuriöser Spa-Kultur macht** es zu einem idealen Ort, um Körper, Geist und Seele zu regenerieren.

Tipps für nachhaltiges und verantwortungsvolles Reisen in Muğla

Muğlas atemberaubende Landschaften, von türkisfarbenen Stränden und pinien bewachsenen Bergen bis hin zu antiken Ruinen und lebendigen Dörfern, sind Schätze, die es zu schützen gilt. Als Besucher reduziert nachhaltiges Reisen nicht nur Ihre Umweltbelastung, sondern verbessert **Ihr Erlebnis indem** wir authentische Verbindungen zu den Menschen vor Ort pflegen und die natürliche Schönheit für zukünftige Generationen bewahren.

1. Respektieren Sie die Umwelt

- **Keine Spuren hinterlassen:**Nehmen Sie alles, was Sie an Stränden, in Wäldern und zu historischen Stätten mitbringen, wieder mit. Entsorgen Sie Müll verantwortungsbewusst.
- **Reduzieren Sie den Plastikverbrauch:**Nehmen Sie eine wiederverwendbare Wasserflasche mit; viele Hotels und Cafés bieten Nachfüllstationen an.
- **Bleiben Sie auf den Wegen:**Beim Wandern der Lykischer Weg oder Täler erkunden, wie Zucchini, vermeiden Sie die Schaffung neuer Wege, die empfindliche Ökosysteme schädigen.
- **Meereslebewesen schützen:**Vermeiden Sie beim Schwimmen oder Tauchen die Verwendung schädlicher Sonnenschutzmittel und entscheiden Sie sich für treffsichere Marken.

2. Unterstützen Sie lokale Gemeinschaften

- **Übernachten Sie in familiengeführten Hotels oder Pensionen:**Sie bieten authentische Erlebnisse und halten die Einnahmen aus dem Tourismus in der lokalen Wirtschaft.
- **Essen Sie lokal:**Wählen Sie traditionelle Restaurants, Straßenhändler und Bauernmärkte statt globale Ketten.
- **Kunsthandwerk kaufen:**Kaufen Sie Muğla-Teppiche, Bodrum-Sandalen oder Fethiye-Keramik direkt vom Kunsthandwerker statt Souvenirs aus der Massenproduktion.
- **Engagieren Sie lokale Reiseführer:**Sie bringen einzigartige Erkenntnisse mit und unterstützen gleichzeitig die Lebensgrundlagen in ländlichen Gebieten.

3. Reisen Sie bewusst

- **Nutzen Sie öffentliche Verkehrsmittel:**Muğla verfügt über ein ausgezeichnetes Netzwerk von Kleinbussen, die erschwinglich und zuverlässig sind und den Kohlenstoffausstoß reduzieren.
- **Fahrgemeinschaften oder Hybridautos mieten:**Wenn Sie ein Auto mieten, wählen Sie umweltfreundliche Optionen und bilden Sie, wenn möglich, Fahrgemeinschaften.
- **Entscheiden Sie sich für Slow Travel:**Anstatt durch viele Orte zu hetzen, verbringen Sie mehr Zeit an weniger Orten, um Ihren Reise-Fußabdruck zu reduzieren und intensivere Erfahrungen zu machen.

4. Seien Sie kulturell respektvoll

- **Lernen Sie ein paar türkische Sätze:**Schon einfache Begrüßungen wie „Hallo“ und „Danke“ zeigen Respekt.
- **Kleiden Sie sich in ländlichen Gebieten und Moscheen bescheiden:**Bedecken Sie bei Bedarf Schultern und Knie und bringen Sie für religiöse Stätten einen Schal mit.
- **Fragen Sie vor dem Fotografieren von Personen:**Besonders in Dörfern und auf Märkten.
- **Nehmen Sie an lokalen Festivals teil:**Feiern Sie mit den Einheimischen, aber vermeiden Sie es, Traditionen als Touristen-Spektakel zu betrachten.

5. Ressourcen schonen

- **Wasser sparen:**In den Küstenstädten von Muğla herrscht saisonaler Wassermangel, daher wird kürzer geduscht und Handtücher werden mehrmals verwendet.
- **Verwenden Sie die Klimaanlage mit Bedacht:**Schalten Sie es aus, wenn Sie Ihr Zimmer verlassen.
- **Essen Sie saisonale Lebensmittel:**Durch die Wahl regionaler, saisonaler Produkte wird der ökologische Fußabdruck importierter Waren verringert.

6. Wildtiere schützen

- **Schildkrötenstrände:**Orte wie Iztuzu-Strand **in Dalyan sind** Nistplätze für Unechte Karettschildkröten. Beachten Sie die Regeln für den Strandzugang nach Sonnenuntergang, halten Sie den Geräuschpegel niedrig und verwenden Sie kein künstliches Licht.

- **Füttern Sie keine Wildtiere:** Es stört natürliche Verhaltensweisen.
- **Wählen Sie ethische Touren:** Vermeiden Sie Unternehmen, die Tiere zur Unterhaltung ausbeuten (wie etwa Delfinshows).

7. Geben Sie etwas zurück

- **Möglichkeiten für Freiwillige:** Einige Öko-Lodges, Bio-Bauernhöfe und Schildkrötenschutz Projekte heißen kurzfristige Freiwillige willkommen.
- **Spenden Sie verantwortungsvoll:** Anstatt Kindern oder Bettlern direkt Geld zu geben, unterstützen Sie lokale Wohltätigkeitsorganisationen, Schulen oder Gemeinschaftsinitiativen.

Checkliste für Reisende

Wichtige Dokumente

- Gültiger Reisepass (mindestens 6 Monate gültig)
- Türkisches Visum oder E-Visum (falls für Ihre Nationalität erforderlich)
- Gedruckte und digitale Kopien von Reisepass, Visum, Reiseversicherung und Buchungen
- Führerschein + Internationaler Führerschein (bei Mietwagen)

Geld & Zahlungen

- Türkische Lira (TRY) in kleinen Stückelungen

- Kredit-/Debitkarten (Visa und MasterCard werden weitgehend akzeptiert)
- Bargeldreserve für den Notfall (einige kleine Dörfer bevorzugen ausschließlich Bargeld)

Kleidung & Accessoires

- Leichte Kleidung für den Sommer, mehrere Schichten für kühlere Abende
- Dezente Kleidung für Moscheebesuche (lange Hosen/Röcke, Kopftuch für Frauen)
- Badebekleidung und Strandkleidung (plus Überwürfe zum Verlassen des Strandes)
- Bequeme Wanderschuhe oder Wanderstiefel
- Leichte Regenjacke (Frühling/Herbst) und Sonnenhut (Sommer)

Gesundheit und Sicherheit

- Reiseversicherung Unterlagen
- Verschreibungspflichtige Medikamente + Kopie der Rezepte
- Kleines Erste-Hilfe-Set (Verband, Desinfektionsmittel, Schmerzmittel)
- Sonnenschutz (griffsicher empfohlen)
- Insektenschutzmittel (vor allem für den Abend)

Elektronik & Konnektivität

- Handy und Ladegerät
- Netzteil (Türkei verwendet Typ **F Stecker,** 230V)
- Tragbare Powerbank

- SIM-Karte oder tragbares WLAN-Gerät (an Flughäfen und in Großstädten erhältlich)

Für Abenteuer Aktivitäten

- Wanderrucksack & wiederverwendbare Wasserflasche
- Schnelltrocknendes Handtuch und Badeschuhe
- Schnorchelausrüstung (optional, Verleih möglich)
- Wasserdichte Handyhülle (für Bootsfahrten und Rafting)

Extras

- Sprachführer oder Übersetzungs-App
- Wiederverwendbare Einkaufstasche (für Märkte, umweltfreundlich)
- Kopie eines Lesetagebuchs oder Reiseführers
- Snacks für lange Fahrten (Nüsse, Trockenfrüchte, Energieriegel)

Notfallkontakte und nützliche Nummern in Muğla

Allgemeine Notrufnummern (gültig in der gesamten Türkei)

- **112**– Allgemeiner Notruf / Krankenwagen
- **110**– Feuerwehr
- **155** - Polizei
- **156**– Gendarmerie (ländliche Sicherheit)
- **199**– Tourismus-Information Hotline

Gesundheitswesen & Krankenhäuser in Muğla

- **Ausbildungs- und Forschungs Krankenhaus der Universität Muğla Sıtkı Koçman**
  Adresse: Orhaniye-Viertel, Haluk-Özsoy-Straße, Nr. 36, Muğla
  Tel: +90 252 214 13 00
- **Staatliches Krankenhaus Bodrum**
  Adresse: Cyprus Martyrs Street, Konacık-Viertel, Bodrum
  Tel: +90 252 317 10 65
- **Staatliches Krankenhaus Marmaris**
  Adresse: Armutalan Mah.Vatan Cad., Marmaris
  Tel: +90 252 417 77 77
- **Staatliches Krankenhaus Fethiye**
  Adresse: Taşyaka-Viertel, Ölüdeniz-Straße, Nr. 185, Fethiye
  Tel: +90 252 614 40 20

Touristenpolizei (englischsprachige Beamte)

- Bodrum: +90 252 316 11 16
- Marmaris: +90 252 412 12 52
- Fethiye: +90 252 614 11 04

Flughäfen

- **Flughafen Milas–Bodrum (BJV)**
  Tel: +90 252 523 01 01
- **Inlandsflughafen (DLM)**
  Tel: +90 252 792 55 91

Andere nützliche Nummern

- **Tourismusbüro der Stadt Muğla**: +90 252 214 12 12
- **Apotheken-Bereitschafts Hotline:** 11818
- **Taxidienste (Bodrum)**: +90 252 316 46 46
- **Taxidienste (Marmaris)**: +90 252 417 44 44

Warum Muğla Ihr nächstes Reiseziel sein sollte

Wenn ich an meine Zeit in Muğla zurückdenke, sind es nicht nur die postkarten reifen Aussichten, die mich am meisten beeindrucken, obwohl es davon jede Menge gibt. Es ist die Art und Weise, wie diese Region mühelos miteinander verwebt: alte **Geschichte, lebendige Kultur, natürliche Schönheit und herzliche Gastfreundschaft In** einem Wandteppich, der sich sowohl zeitlos als auch lebendig anfühlt.

Nur wenige Reiseziele bieten die Möglichkeit, in einem ruhigen Bergdorf aufzuwachen, den Nachmittag mit Segeln durch türkisfarbene Buchten zu verbringen und den Abend tanzend unter dem Sternenhimmel in einem lebhaften Küstenort ausklingen zu lassen. Noch seltener ist es möglich, morgens durch die Ruinen antiker Zivilisationen zu spazieren und bei Sonnenuntergang in den Thermalquellen zu baden, die die Einheimischen seit Jahrhunderten schätzen. Muğla bietet all dies – und zwar mit Anmut.

Dies ist ein Ort, wo Nervenkitzel-Suchende **finden Abenteuer**, ob Sie vom Babadağ-Berg über Ölüdeniz schweben, auf dem legendären Lykischen Weg wandern oder unter dem türkisfarbenen Wasser von Bodrum tauchen. Gleichzeitig ist es ein Zufluchtsort für diejenigen, die sich sehnen, Ruhe **und Wohlbefinden**, mit ihren Hammams, Yoga-Retreats und abgeschiedenen Buchten, die perfekt zum Entspannen sind.

Aber was Muğla wirklich unvergesslich macht, ist vielleicht sein Geist **der Authentizität**. Vom freundlichen Ladenbesitzer, der darauf besteht, dass Sie eine Tasse Tee mit ihm trinken, über den Fischer in Akyaka, der Ihnen Geschichten vom Fluss erzählt, bis hin zu den Kunsthandwerkern, die in jedes Stück Keramik oder Textil jahrhundertealte Tradition einfließen lassen, fühlt sich jede Begegnung echt und bedeutungsvoll an und ist in einer Kultur verwurzelt, die Verbundenheit schätzt.

Überlegen Sie bei der Planung Ihrer Reise für 2026, welche Erinnerungen Sie schaffen möchten. Wenn Sie ein Reiseziel suchen, das Sie mit Abenteuern herausfordert, Sie in Entspannung einlädt und Ihnen herzliche Gastfreundschaft bietet, dann ist Muğla mehr als nur ein Zwischenstopp auf Ihrer Reiseliste – es ist eine Reise in die Essenz der türkischen Seele.

Packen Sie also Ihre Koffer, bringen Sie Ihre Neugier mit und lassen Sie sich von Muğla überraschen. Denn wenn Sie erst einmal durch die gepflasterten Straßen gelaufen sind, die olivenöl reiche Küche probiert, in den versteckten Buchten geschwommen sind und mit den Menschen gelacht haben, werden Sie verstehen, warum**Muğla ist nicht nur ein Ort, den man besuchen sollte, sondern ein Ort, an den man immer wieder zurückkehrt.**

Printed in Poland
by Amazon Fulfillment
Poland Sp. z o.o., Wrocław

57140975R00095